网络组织的管理会计创新

——基于管理控制的视角

彭家钧 著

中国财经出版传媒集团
中国财政经济出版社

图书在版编目（CIP）数据

网络组织的管理会计创新：基于管理控制的视角／彭家钧著．--北京：中国财政经济出版社，2022.12
ISBN 978-7-5223-1375-7

Ⅰ.①网…　Ⅱ.①彭…　Ⅲ.①管理会计-研究　Ⅳ.①F234.3

中国版本图书馆CIP数据核字（2022）第237142号

责任编辑：温彦君　　　　责任校对：张　凡
封面设计：智点创意　　　　责任印制：党　辉

网络组织的管理会计创新
——基于管理控制的视角
WANGLUO ZUZHI DE GUANLI KUAIJI CHUANGXIN
JIYU GUANLI KONGZHI DE SHIJIAO

中国财政经济出版社 出版
URL：http：//www.cfeph.cn
E-mail：cfeph@cfeph.cn

社址：北京市海淀区阜成路甲28号　邮政编码：100142
营销中心电话：010-88191522
天猫网店：中国财政经济出版社旗舰店
网址：https：//zgczjjcbs.tmall.com
北京财经印刷厂印刷　各地新华书店经销
成品尺寸：148mm×210mm　32开　6.5印张　163 000字
2022年12月第1版　2022年12月北京第1次印刷
定价：30.00元
ISBN 978-7-5223-1375-7
（图书出现印装问题，本社负责调换，电话：010-88190548）
本社质量投诉电话：010-88190744
打击盗版举报热线：010-88191661　QQ：2242791300

前言

组织变革、管理会计、管理控制系统（Management Control Systems，MCS）是组织与管理领域的热点研究内容。根据Chenhall（2003）等的观点，管理控制系统是个更广的概念，既包括管理会计系统，也包括其他控制系统，如人员控制、小团体控制、非正式控制等，这两个概念有时交互使用。管理控制系统主要通过影响组织成员的行为来实现组织的目标，在促进组织创新与价值创造、自主适应环境变化、达成组织的战略、实现合规运行等方面发挥着重要的作用。

进入新经济与互联网时代，企业所面临的外部环境比过去更加复杂和不确定，市场与行业生态发生了深刻的变化，用户需求更加个性化，创业创新型的知识员工和人力资本在企业中发挥越来越重要的作用，企业与客户、供应商、合作方等利益相关者之间更加紧密合作与相互协同，共同创造和分享价值。

互联网时代的环境变化对组织变革与管理控制系统创新产生了深远的影响。传统的科层组织结构与基于命令和控制的管理控制系统难以适应新的外部环境，不能有效激发员工的自主性、创新性和创造性，不利于组织目标的达成。

在互联网时代，需要构建更加分权、有机、柔性的新型组织结构，来动态适应环境变化、敏捷满足市场需求，更好地达成组织的战略和目标，网络组织（Network Organization）应运而生。网络组织结构具有网络化、生态化、去中心化、自组织等特征，包括跨边界团队等组织内部网络结构，以及企业与合作方之间的组织间网络结构和价值生态圈。

基于新的外部环境和网络组织结构，企业需要构建基于网络组织的新型管理控制系统，激发员工的企业家精神，驱动员工自主经营、主动创新和创造价值，促进组织成员和利益相关方自主协调合作，更快、更高质量地响应和满足用户需求，为用户创造价值，提升企业的竞争优势，实现利益相关者价值最大化，达成组织的目标。研究基于网络组织的新型管理控制系统具有重要的理论与现实意义。

随着时代环境变化，管理控制系统也随之动态演进，逐渐从传统的机械控制向有机控制、从单一控制向整合控制、从集权控制向分权赋能、从封闭控制向开放创新、从刚性控制向自主适应、从约束控制向信任合作、从科层控制向网络协同、从合规控制向价值创造转变。

从市场的角度，互联网时代的市场竞争日益激烈，网络经济高度发达，用户需求更加个性化与多元化，企业对市场的快速响应能力与动态创新能力成为企业核心竞争力的重要源泉。企业需要从传统的“以企业为中心”转变为“以用户为中心”、由“领导驱动”转变为“用户驱动”，持续为用户创造价值，提升企业的市场竞争能力。

从组织的角度，互联网时代的企业需要根据环境变化持续推动组织变革，打破传统的层级化、集权和刚性的科层组织结构，构建更加扁平、分权和柔性的网络组织结构，提升企业自主适应环境变化和快速响应市场需求的能力，提高组织的效率与活力。在组织内部，跨边界自主团队等内部网络结构有利于组织成员实现全流程自主协同合作，共同满足客户需求，提升全流程的价值产出，激励团队自主经营、自主决策、自主配置资源，主动挑战和达成高绩效目标。在组织外部，企业与外部合作方形成价值共创共享共赢的组织间生态网络，实现利益相关者价值最大化，提升企业的资源整合能力、跨界协同能力、开放创新能力和价值创造能力。

从管理控制的角度，面对不确定的外部环境，企业既要在组织内实施适当的控制以保证企业合规运行，同时更应持续推进管理机制创新，对员工充分赋能，鼓励团队自主管理，提升组织的创新能力和价值创造能力，更好地达成企业的目标。网络组织需构建集成整合的新型管理控制系统框架，推动新型预算管理体系、新型绩效评价体系和新型激励体系创新。同时，网络组织根据外部环境变化动态推动战略更新、组织变革、组织文化创新，共同促进组织目标的达成。网络组织将员工视为自主管理、主动创新与创造价值的管理主体和人力资本所有者，赋予员工更多自主经营权和价值分享权，激发员工的自主性（Initiative），实现组织成员的目标统一、价值共享、激励相容，驱动员工自我激励和自我约束，提升员工的活力与组织的合力。

从员工的角度，互联网时代的知识员工比例逐渐提升，员工的自主管理意识、创业创新精神和自我价值实现愿望逐步提升，大众创业、万众创新已成为社会进步与经济发展的强大动力。企业更需要具有企业家精神的员工，激励员工及时抓住市场机会、快速响应市场变化、满足用户个性化需求、持续创造价值，提升企业的竞争力。

本书主要研究了互联网时代的网络组织变革与管理控制系统创新，构建了基于网络组织的新型管理控制系统框架，将网络组织的新型管理控制系统与新型战略、新型组织结构、新型组织文化有机融合，将不同的管理控制系统和管理控制机制集成整合，更好地支持组织目标达成。

首先，本书对科层组织结构及传统的管理控制系统存在的问题进行了分析，提出了互联网时代网络组织变革和管理控制系统创新的方向。

其次，本书对网络组织的结构特征以及对传统管理控制系统的挑战进行了研究。网络组织具有自组织、自适应、自协调等特性，组织内外部成员自主协同合作，快速响应和满足市场需求，持续为客户创造价值，实现利益相关者价值最大化。

本书创新提出了自主经营团队这一新型团队概念，作为网络组织的基本经营单元和价值单元。自主经营团队是一种自主经营的跨边界团队，如同小微公司一样。自主经营团队以市场为导向、以客户为中心、以价值创造为目标、聚焦战略，对团队的利润、客户满意度等市场绩效负责。自主经营团队具有高度的自主权，能更大程度分享剩余控制权和剩余索取权，实现团队自主经营、自主决策、自主配置资源、主动创新和创造价值，基于团队绩效进行团队激励和价值分享。自主经营团队充分参与战略交互、战略决策、战略更新与战略执行，快速抓住市场机会，提升组织的竞争能力。网络组织构建整合的平台为自主经营团队等经营单元提供高效的资源、信息、机制和服务等支持，促进战略协同与资源整合。

最后，本书创新构建了基于网络组织的新型管理控制系统框架，研究了网络组织的新型管理控制目标、新型管理控制系统集成、新型管理控制机制和新型管理控制角色。在此基础上，重点对网络组织的预算管理体系创新、绩效评价体系创新、激励体系创新进行了深入研究。

网络组织的新型管理控制目标更加多元与平衡，包括促进组织价值创造、创新变革、自主适应外部环境、合规可靠运行等，实现控制与创新、合规与价值创造的有机统一，更好地达成组织的战略和目标。

网络组织的新型管理控制系统包括一个核心系统和四大支持系统，共同实现组织的目标。一个核心系统即“基于价值创造的新型绩效管理系统”，包括新型预算管理体系、新型绩效评价体系和新型激励体系。四大支持系统包括新型网络组织结构（自主适应系统）、新型战略（交互创新系统）、新型组织文化（价值观自驱动系统）、新型运行规则（边界控制系统）。网络组织将不同的管理控制系统与机制进行集成整合，将管理控制系统创新与战略更新、组织变革、组织文化创新有机融合，共同促进组织实现多元的管理控制目标。

网络组织的新型管理控制机制包括市场机制、自主经营机制、跨边界协同机制、非正式控制机制等，同时保持最低限度的正式控制，实现不同管理控制机制的整合应用，提升管理控制的效率和效果。

网络组织的新型管理控制角色更强调对员工的“赋能”，弱化对员工的“约束”，激发员工的自主管理意识和企业家精神，鼓励员工主动探索新的市场机会，开放整合与创造新资源，促进员工自主经营、自主决策、主动创新和创造价值。

互联网时代的企业应持续推动组织变革和管理会计创新，构建基于网络组织的新型管理控制系统，提升组织的价值创造能力、开放创新能力、自主适应能力、快速响应能力和动态竞争能力，更好地实现组织的战略和目标。

作者

2022 年 12 月

目录

第 1 章 导　论

1.1　研究背景

进入互联网时代，全球化、新经济等浪潮对企业提出了更大的挑战，企业所面临的外部环境比过去更加不确定、复杂和多变，对企业组织结构提出了新的要求。为更好地适应复杂多变的外部环境，需构建更为分权、柔性、有机的新型组织结构，网络组织应运而生。

网络组织是一个由活性结点的网络联结构成的有机的组织系统（林润辉和李维安，2000）。网络组织的优势在于动态性、适应性和柔性，能够在不确定性的复杂环境下获得竞争优势，保持核心能力（李维安等，2014）。

管理控制系统用来帮助组织适应外部环境以及实现利益相关者的关键目标，同时保证组织受控与可靠运行（Merchant and Otley，2007）。管理控制系统通过一系列的机制、流程、系统、信息和网络等影响成员的行为以达成组织的战略和目标。

互联网时代与网络组织变革对传统的管理控制系统带来挑战。组织的网络化及其无边界化使管理会计必须加快创新（冯巧根，2022）。面对复杂、不确定的环境，企业需要改进管理控制系统设计，以增强适应能力（Chenhall，2003）。

因此，需要基于新的外部环境与网络组织结构设计一种新型管理控制系统，赋予员工更多的自主权，激发员工的企业家精神，促进员工主动创新、创造价值和规避风险，实现创新与控制的有机统一，促进组织价值创造、创新变革、自主适应外部环境变化与合规运行，实现组织内外部成员之间自主协调合作，共享目标、资源和价值，实现利益相关者价值最大化。

Berry 等（2009）结合文献回顾，提出了管理控制系统研究的新兴问题和未来研究方向，其中的一个重要内容就是基于网络组织的管理控制理论与实践研究。互联网时代的环境变化与网络组织变革对管理控制系统创新产生了深远的影响。研究基于网络组织的新型管理控制系统具有重要的理论与现实意义。

1.2 研究内容

本书研究了科层组织结构的局限与传统管理控制系统的不足，分析了互联网时代网络组织的结构特征以及对传统管理控制系统的挑战，构建了基于网络组织的新型管理控制系统框架，研究了网络组织的新型管理控制目标、新型管理控制系统集成体系、新型管理控制机制和新型管理控制角色，深入研究了基于网络组织的预算管理体系创新、绩效评价体系创新和激励体系创新，将网络组织的新型管理控制系统与新型战略、新型组织结构、新型组织文化有机整合，更好地支持组织目标达成。

1. 科层组织结构的局限

首先，科层组织结构适用于稳定的环境，它在追求组织有序的同时，过于强调规则的理性以及集权控制，忽略了人的自主性。Weber（1958）将这种高度理性、集权统治和压抑的官僚制（Bureaucracy）称为“铁笼”（Iron Cage）。“一旦完全建立，官僚制是所有社会结构里最难摧毁的”（Weber，1978）。由于科层组织将权威凌驾在整个组织之上，其控制变得不人性化，控制隐含在科层组织的规则与等级之中（Barker，1993）。

其次，科层组织的等级结构导致封闭和刚性，对外部环境变化反应迟缓，不能快速响应市场需求。科层组织充满各种边界，包括上下级之间的垂直边界、部门职能之间的水平边界、管理者与员工之间的心理边界、企业与客户及供应商之间的外部边界等，影响了组织的高效沟通、快速决策、自主协同以及资源共享，降低了组织的效率和竞争能力。

同时，由于采用程序化的流程以及垂直的沟通路径，科层组织在信息的感知、获取、沟通和决策上效率低下，不能快速应对市场变化和抓住市场机会。Williamson（1967）认为，科层增加会导致控制性损失（Control Loss），体现在两个方面：第一，随着企业层级的增加，高层管理者从组织底端获取的信息将发生自下而上的偏差；第二，高层管理者根据偏差的信息做出的决策指令在层层下达过程中将发生自上而下的扭曲。

科层组织强调分工，不利于不同组织成员之间的协同合作与目标统一。同时，科层组织的员工专注于狭窄的职能，主要执行指令和任务，这压抑了员工的积极性、主动性和创造性，不利于员工创造价值和实现自我价值。

2. 网络组织的兴起

外部环境变化对组织变革具有深远的影响。互联网时代的外部环境快速变化，用户需求更加个性化，市场竞争日益激烈，为增加组织的灵活性，需要构建更加扁平、分权、有机、柔性、具有更强自主适应能力的新型组织结构，网络组织（Network Organization）应运而生。

网络组织是一个由活性决策结点构成的具有非线性联结机制的动态演化的复杂系统，具有自相似性、自组织性与自学习性特征（林润辉和李维安，2000）。网络组织减少了层级，加强了与外部价值链成员的合作，以应对日益激烈的国际竞争和技术变革（Miles and Snow，1986）。

网络组织包括组织内部网络结构与组织间网络结构。其中，组织内部网络主要包括跨功能团队等，促进不同职能的组织成员自主协同合作，共同满足客户需求和创造价值。组织间网络主要包括战略联盟与企业生态圈网络等，促进企业与外部供应商、合作方等利益相关方构建合作共赢的价值网络，实现价值共创与共享。

企业内部网络组织有利于有效配置企业的内部资源，促进各部门间的资源流动，企业外部网络组织有利于市场资源在不同企业间的优化配置，网络组织成为企业获取动态能力的有效途径（李维安等，2014）。

网络组织以共同专有化的资产、共同参与的过程控制和共同的集体目的为基本特性，这三个要素将网络组织与集中化组织、科层组织、非正式联合体、无序社团和市场等其他组织形式区别开来（Alstyne，1997）。从结构来看，网络组织具有共同的所有权（Joint Ownership），实现对资产、信息的高效灵活整合。从过程来看，网络组织的成员共同参与管理，自我约束和相互影响。从目的来看，网络组织的成员共同合作，实现目标的统一。

网络组织作为一种分权和有机的新型组织形式，打破了组织的边界，提升了组织的柔性，有利于自主适应外部环境变化。首先，网络组织打破组织内部的垂直边界，鼓励团队等组织单元自主经营，促进扁平化管理和分权经营。其次，网络组织打破组织内部的水平边界，组建跨边界团队等内部网络结构，促进组织成员跨流程自主协调合作，共享目标、责任和价值，共同对全流程的价值产出负责，强化不同部门与职能之间的信任协同关系。再次，网络组织打破管理者和员工之间的心理边界，促进员工自主管理、自主决策、自我激励和自我控制，员工从传统的执行者转变为自主管理的主体，从雇员转变成人力资本所有者。最后，网络组织打破组织的外部边界，企业与客户、供应商、合作方构建合作共赢的利益共同体和价值网络，实现目标统一与资源共享，提高市场响应能力与竞争能力，实现利益相关者价值最大化。

3. 传统管理控制系统的局限

传统的管理控制系统主要基于相对稳定的外部环境和组织结构，从管理者自上而下控制和约束员工的视角进行设计，不能有效激发员工的积极性、主动性和创造性。进入互联网时代，外部环境快速变化，组织结构动态更新，员工自主管理意识逐渐提升，传统的管理控制系统越来越不能满足互联网时代和网络组织结构的需求，主要局限表现在以下方面。

一是传统的管理控制系统将既定的战略作为管理控制的前提，强调管理控制系统对战略执行的作用，忽略了管理控制系统对促进战略形成与战略更新的作用，不利于组织快速感知市场变化和动态开发新的战略。

二是传统管理控制目标的局限。传统的管理控制系统主要关注促进组织合规运行与实现绩效目标，忽略了管理控制系统对促进组织创新、价值创造、自主适应环境变化的作用。

三是传统管理控制角色的局限。传统的管理控制系统主要侧重对员工的约束与控制的角色，忽略了对员工的赋能与支持。

四是传统的管理控制机制的局限。传统的管理控制机制相对单一，更强调基于权威和规则的科层控制与正式控制，而忽略了市场机制、员工自主管理机制以及基于文化、价值观的非正式控制机制。传统的管理控制系统采用基于“命令和控制”的方式，依靠显性规则与操作程序来规范员工的行为（Scott，1981）。同时，科层组织的权力集中在组织的顶端，管理者对员工进行自上而下的控制、约束和监督，忽略了员工的自主性、创造性与价值实现，容易导致相互对立、博弈和不信任的文化及行为，不利于组织目标的达成。

五是传统的管理控制系统设计视角的局限。传统的管理控制系统主要从管理者自上而下命令和控制的视角进行设计，将员工作为被管理者和执行者，员工缺乏自主权，很少参与战略和管理控制的过程，不能适应新经济时代知识员工自主管理、自我成长与自我价值实现的诉求。

六是传统预算管理体系的局限。传统的预算管理系统往往由管理层自上而下设定刚性目标与静态计划，由上级进行集权决策和集中资源配置，容易导致内部博弈，不能根据市场变化动态优化业务计划与提升资源配置效率。

七是传统绩效评价体系的局限。传统的绩效评价系统往往根据固定的绩效契约与刚性目标进行绩效评价，主要关注企业整体绩效与员工个体绩效，关注运营绩效，未充分关注战略绩效评价、市场绩效评价和团队绩效评价，不利于激发团队主动挑战和达成高绩效目标，容易导致绩效评价的扭曲，不利于组织绩效的提升。

八是传统激励体系的局限。科层组织更关注股东价值最大化，员工通常只获得相对固定的报酬。传统的激励是低效能（Low - Powered）激励，奖励与绩效之间只有微弱的联系（Baker et al.，1988）。传统科层组织的员工缺乏价值分享权，不利于激发员工主动创造价值与分享价值。同时，客户、供应商、合作方等更广泛的利益相关者未有效融入组织的价值创造与价值分享体系，组织成员的目标难以统一。

4. 网络组织的管理控制系统创新

管理控制系统在统一组织成员的目标、成功实施组织的战略、促进组织创新与价值创造、自主适应外部环境变化、实现合规运行等方面发挥着极其重要的作用。

互联网时代环境发生了深刻变化，需基于组织变革构建新型管理控制系统，更好地实现组织的目标。组织结构呈现扁平化、网络化趋势，出现了团队结构与组织外部基于信任的联盟组织，管理会计系统需研究如何在团队结构下构建恰当的业绩评估和报酬系统与之匹配，以及如何在组织间实施管理会计（姜洪涛和王满，2020）。

管理控制系统应作为一个集成体系（Package）加以研究（Malmia and Brown，2008）。本书整合构建了基于网络组织的新型管理控制系统框架，研究了网络组织的新型管理控制目标、新型管理控制系统集成、新型管理控制机制、新型管理控制角色。网络组织的新型管理控制系统与新型战略、新型组织结构、新型组织文化实现有机融合与相互作用，更好地支持组织目标的达成。

（1）网络组织的新型管理控制目标。网络组织的管理控制目标包括促进组织价值创造、创新变革、自主适应外部环境与合规运行，更好地达成组织的战略与目标。网络组织的管理控制目标更加全面与平衡，实现控制与创新、合规与价值创造、协调性与自主性的统一。

（2）网络组织的新型管理控制系统集成。本书整合构建了网络组织的新型管理控制系统，包括一个核心系统和四大支持系统，共同实现组织的目标。一个核心系统即“基于价值创造的新型绩效管理系统”，包括新型预算管理体系、新型绩效评价体系和新型激励体系。四大支持系统包括新型网络组织结构（自主适应系统）、新型战略（交互创新系统）、新型组织文化（价值观自驱动系统）、新型运行规则（边界控制系统）。

新型绩效管理系统是网络组织管理控制系统的核心，包括新型预算管理体系、新型绩效评价体系和新型激励体系，主要作用是促进价值创造，提升组织绩效。新型绩效管理系统以价值网络和利益相关者价值最大化为目标，以价值共创共享为机制，激励团队等经营单元主动挑战与达成高绩效目标，实现团队自主经营、自主决策、自主优化资源配置、自我激励、自我控制，主动创新和创造价值，促进顾客、企业、员工、供应商、合作方等利益相关者价值共创、共享、共赢。

网络组织管理控制系统的四大支持系统包括以下方面。

一是新型网络组织结构（自主适应系统），促进组织自主适应外部环境变化。网络组织结构有利于促进组织成员自主经营、自主协调合作，提升组织的快速响应能力，快速满足市场需求，提升组织的效率与创新变革能力。网络组织结构具有自组织与生态系统特征，促进组织自驱动、自运转、自适应、自创新。

二是网络组织的新型战略（交互创新系统），促进动态交互、战略更新、开放创新。网络组织鼓励管理层、员工等组织成员充分参与战略决策、战略制定与战略执行，组织成员动态沟通市场变化、快速抓住新的市场机会，根据环境变化动态开发新的战略，促进战略有效执行。网络组织成员之间开放共享内外部资源，促进开放创新，提升动态能力和市场竞争力。

三是网络组织的新型组织文化（价值观自驱动系统），促进组织成员目标和价值观的统一。网络组织的新型组织文化主要包括市场文化、自主经营文化、员工的企业家文化、主动挑战高绩效目标的绩效文化、共创价值与共享价值的激励文化、利益相关者信任合作价值共赢的生态圈文化等。新型组织文化有利于激发员工创业创新的企业家精神，驱动员工主动采取有利于组织的行为，促进组织成员相互协同，共享目标、资源和价值，实现共赢。

四是网络组织的新型运行规则（边界控制系统），促进组织合规与可靠运行。边界控制系统主要包括战略边界与运营边界，其主要功能是让组织成员清楚哪些行为在战略层面与运营层面是不允许的，驱动员工自主约束、自我控制、相互监督，主动规避不利于组织的行为，避免战略风险与运营风险。网络组织为各结点搭建了统一的运行机制、流程、系统和规则，强调共享的组织规则、团队规则、网络规则，不同结点和组织成员在网络组织的平台上有序运行，有利于减少风险。

（3）网络组织的新型管理控制机制。本书整合研究了网络组织的新型管理控制机制，包括市场机制、自主经营机制、跨边界协同机制、非正式控制机制等，同时组织仍保持最低限度的正式控制，实现不同管理控制机制的整合应用，提升管理控制的效率和效果，更好地实现组织的目标。其中，市场机制通过市场驱动组织运转，强调市场导向、市场目标、市场绩效和市场激励。自主经营机制鼓励团队等组织单元自主经营、自主决策、自主配置资源、自我激励和自我约束、主动创造和分享价值。跨边界协同机制强调组织成员和利益相关方自主协调、信任协同、相互监督与合作共赢，实现目标、资源和价值的共享。非正式控制机制强调通过组织文化、价值观、群体规范、社会关系等驱动组织成员主动采取有利于组织的行动，实现目标统一，达成组织的目标。

（4）网络组织的新型管理控制角色。网络组织更强调对员工的赋能，弱化对员工的约束。网络组织对员工分权赋能，充分激发员工的自主管理意识和企业家精神，鼓励员工主动探索新的市场机会，开放整合与创造新资源，促进员工自主经营、自主决策、主动创新和创造价值。

1.3　研究意义与主要贡献

本书研究了互联网时代的网络组织变革与管理控制系统创新，研究了基于网络组织的新型管理控制系统的框架构建、机制创新和运行体系，具有重要的理论和现实意义。本书可能的创新点和贡献包括三个方面。

第一，本书研究了网络组织这一新型组织形式的结构、特征及其对传统管理控制系统的挑战，创新构建了基于网络组织的新型管理控制系统框架，提出了网络组织的新型管理控制目标、新型管理控制机制、新型管理控制角色等。网络组织的新型管理控制系统包括一个核心系统和四大支持系统，共同促进组织实现价值创造、创新变革、自主适应、合规运行等多元目标。本书将网络组织的新型管理控制系统与新型战略、新型组织结构、新型组织文化等有机融合，将不同的管理控制系统有机整合，实现协同创新与相互作用，更好地达成组织目标。

第二，本书创新提出跨边界自主经营团队这一新型团队概念，作为网络组织的基本经营单元和价值单元。本书深入研究了基于网络组织与自主经营团队的新型预算管理体系创新、新型绩效评价体系创新和新型激励体系创新，驱动组织成员主动承诺与达成高绩效目标，实现价值共创与价值共享。

第三，本书整合研究了网络组织的新型管理控制机制，包括市场机制、自主经营机制、跨边界协同机制和非正式控制机制，同时组织保持最低限度的正式控制，实现不同管理机制的整合运用，提升管理控制的效率和效果。这对传统的主要依靠科层控制、正式控制的单一管理控制机制进行了创新。

第 2 章
管理控制系统理论与文献综述

2.1　管理控制系统的内涵与要素

管理控制主要是通过影响成员的行为来实现组织的整体目标（Abernethy and Chua，1996；Malmia and Brown，2008）。管理控制系统有利于统一组织成员的目标、驱动组织创新与价值创造、促进组织适应外部环境变化、合规可靠运行，实现组织的战略和目标。组织的控制机制设计必须关注如何让具有不同目标的个体进行合作（Ouchi，1979）。如果组织的所有成员都能按照最有利于组织的方式行动，那么，控制甚至管理将不再需要（Merchant，1982）。然而，通常情况下，个体不能完全按最有利于组织的方式行事，因此需要一套管理控制系统来鼓励员工采取有利于组织的行为，避免员工的不当行为，从而更好地实现组织的目标，促进员工与组织目标的统一。

1. 管理控制系统的内涵

不同学者对管理控制系统进行了定义，通常认为管理控制系统通过一系列的机制、流程、系统、信息和网络等影响成员的行为以达成组织的战略和目标。

Anthony（1965）将管理控制定义为“管理者为了实现组织目标，富于效率（Efficiently）和效果（Effectively）地获取和使用资源的过程”。同时，管理控制是管理者影响组织的其他成员以落实组织战略的过程（Anthony，1998）。

Abernethy 和 Chua（1996）认为，组织的控制系统是管理层设计和实行的控制机制的组合，用来提升组织的盈利，同时让组织的参与者采取和组织大部分成员的目标相统一的行为。

Merchant 和 Otley（2007）认为，广义的管理控制系统包括战略形成与战略执行，从广义角度看，管理控制系统用来帮助组织适应外部环境以及实现利益相关者的关键目标，同时保证组织受控与可靠运行。

Malmia 和 Brown（2008）将管理控制系统作为一个集成体系（Package）加以研究，认为管理控制系统是管理者用来引导员工行为的系统、规则、实践、价值观和其他活动。他们认为，管理控制系统包括三个方面：一是会计控制（Accounting Controls），如预算、绩效评价、薪酬奖励等；二是行政控制（Administrative Controls），如组织结构、治理体系、政策与流程等；三是社会控制（Socially Based Controls），包括文化和价值观等。组织有多种控制方法，它们都能在某种程度上用来实现员工行为与组织目标的统一。

Ferreira 和 Otley（2009）将绩效管理系统（PMSs）定义为组织用来传递管理层设定的关键目标和目的，通过分析、计划、评价、控制、激励等手段支持战略过程、业绩管理与学习变革的不断演进的正式与非正式的机制、流程、系统和网络。

Merchant 和 Van der Stede（2017）认为，管理控制系统是组织内部管理者使用的，为保证个人目标和行动与组织目标及战略实现协同一致的所有工具与制度。

张先治（2018）认为，企业管理控制可以理解为企业各级管理者为实现企业战略目标而对企业其他成员实施控制的过程，管理控制程序包括战略目标分解、控制标准确定、控制报告分析、经营业绩评价和管理者激励五个步骤。

整体而言，管理控制系统的作用主要体现在以下方面：一是鼓励员工采取有利于组织的行为，促进员工与组织目标的统一，实现组织的战略和目标；二是促进组织战略动态更新与有效执行，自主适应外部环境变化，提升动态能力和竞争力；三是激发员工的活力，促进组织创新和价值创造，提升组织绩效；四是促进组织成员自主协调合作，实现利益相关者价值最大化；五是通过有效控制，实现组织的合规与可靠运行。

2. 管理控制系统与管理会计的关系

Chenhall（2003）认为，管理会计（Management Accounting，MA）、管理控制系统（Management Control Systems，MCS）等概念有时候交互使用。管理会计（MA）是指诸如预算、成本管理等一系列活动的集合。管理控制系统（MCS）是个更广的概念，既包括管理会计系统，也包括其他控制系统，如人员控制、小团体控制（Clan Control）等。

杜荣瑞等（2008）使用“管理会计和控制技术”来概括各种管理会计方法，体现了管理会计与管理控制的紧密融合。

冯巧根（2014）认为，管理会计是企业围绕信息支持系统与管理控制系统，以实现价值增值目标而开展的一系列管理活动。管理会计主要包括两个功能：一是信息支持系统，促进价值驱动因素分析与决策；二是管理控制系统，主要环节包括目标与战略规划、组织结构与流程调整、任务设定、实施控制、业绩评价，目的是实现组织战略，创造价值（冯巧根，2015）。

张先治（2018）认为，管理会计与管理控制之间相互依存，管理会计是基于经营管理控制所需要的会计，管理控制是基于管理会计所进行的经营管理控制，两者之间联系的纽带是管理会计信息，管理控制的有效运转离不开管理会计信息的支撑。

我国财政部于 2016 年发布《管理会计基本指引》，提出管理会计通过运用管理会计工具方法，参与单位规划、决策、控制、评价活动并为之提供有用信息，推动单位实现战略规划。管理会计的应用以战略规划为导向，以持续创造价值为核心，促进单位可持续发展。

由此可见，管理会计与管理控制系统相互依存、紧密融合，这两个概念有时交互使用。一般而言，管理控制系统的内涵更广，既包括管理会计系统，也包括其他控制系统，如人员控制以及基于文化、价值观的非正式控制等。管理控制和管理会计共同为实现组织的战略和目标服务。

3. 管理控制系统的关键要素

Anthony（1965）提出的管理控制系统包括计划、计量评估、执行控制、沟通等要素，关注基于会计的管理控制。

Simons（1995）认为，管理控制系统包括信念系统、边界控制系统、诊断控制系统和交互控制系统，增加了战略、文化等内容。

张先治（2005）认为，管理控制系统包括控制环境、控制变量、控制标准、信息报告、执行评估、纠正偏差、业绩评价、激励机制、沟通交流、监督控制十大要素。

Flamhohz（1996）提出，管理控制系统主要包括三部分：核心控制系统、组织结构、组织文化。核心控制系统由四个子系统（计划、业务运作、业绩衡量和报酬）组成。

Ferreira 和 Otley（2009）提出的绩效管理框架涵盖了更广的要素，包括愿景与使命、关键成功因素、组织结构、战略与计划、关键绩效指标、目标设定、业绩评价、薪酬与激励、信息系统与网络等。

Tessier 和 Otley（2012）认为管理控制系统包括战略绩效系统、运营绩效系统、战略边界系统和运营边界系统。

Otley（2016）总结了影响管理控制系统设计的因素，包括外部环境、技术、组织结构、战略、规模、企业文化等，认为环境不确定性与一个更加灵活的、开放的控制形式相联系。

本书认为，管理控制系统的要素包括核心要素与支持要素，管理控制的核心要素主要包括预算管理、业绩评价、激励等。管理控制系统的支持要素包括战略、组织结构、文化与价值观等。管理控制系统的各要素有机融合、共同作用，促进组织目标的实现。

2.2　管理控制的主要形式

1. 正式控制与非正式控制

基于控制的正式程度，学者们通常将管理控制分为正式控制（Formal Control）和非正式控制（Informal Control）。其中正式控制主要包括规则、制度、预算、绩效评价、激励等，非正式控制主要包括文化、价值观、行为规范、关系网络以及人员控制等。“正式控制”通常与“机械控制”“技术控制”等概念互换使用，“非正式控制”通常与“社会控制”“有机控制”等概念交互使用。非正式控制是管理控制方法的重要组成部分。

Chenhall（2003）将控制分为机械控制（Mechanistic Control）和有机控制（Organic Control）。机械控制主要通过正式的规则以及程序进行控制，包括预算控制、基于预算的业绩评价等。有机控制则主要采用柔性和交互的非正式控制手段，包括人员控制、参与预算、小团体控制、战略交互控制等。他认为，传统的管理控制系统是为管理层决策提供正式的财务信息支持的被动系统，新的管理控制系统包含更广泛的内容，包括与市场和客户相关的信息、与生产过程相关的非财务信息、广泛的决策支持机制以及非正式的人员控制与社会控制。从社会学的角度，管理控制系统应更主动向员工授权以实现目标。

Tessier 和 Otley（2012）将控制划分为社会控制（Social Control）与技术控制（Technical Control），他们认为两者相互关联而

非相互替代。社会控制是那些基于员工情绪、非理性和情感因素进行的控制（Ray，1986），包括核心价值（Core Value）、信念（Belief）、规范（Norms）和象征（Symbol）等。技术控制是对任务的实施方法进行规定的控制（Perrow，1986），通过规则、程序和标准来管理日常行动。企业家型组织倾向于减少正式的会计控制，而保守型组织则更依赖于正式的会计程序（Chenhall and Morris，1995）。

Barker（1993）拓展了有别于官僚控制的谐调控制（Concertive Control），这种新的控制形式将控制的主体从管理者转变成员工自己，员工基于组织的核心价值塑造自己的行为，同时，控制的基础从原来的官僚权威转变为员工共同的价值观。

Merchant 和 Van der Stede（2017）将管理控制分为文化控制、人员控制、行为控制和结果控制。

冯巧根（2022）认为，可以在正式控制制度发挥作用的同时，共生一些非正式制度，使这些非正式制度在管理中扮演关键角色。

2. 市场控制、科层控制与小团体控制

从控制机制的角度，Ouchi（1979）将控制分为市场控制（Market Control）、官僚控制（Bureaucracy Control）以及小团体控制（Clan Control）。市场控制主要依靠市场互惠机制，以市场价格为主要决策信息，通过价格机制精确评价和奖励个体的绩效贡献，达成控制目标。官僚控制主要依靠正式的权威、规则、等级关系进行控制。小团体控制通过共享的价值和信念、文化等实现控制。Ouchi 指出，在模糊、松散和不确定的环境下，难以实现精确可靠的控制，应优先选择小团体控制方式，小团体控制更适用于技术快速更新的组织。

Lebas 和 Weigenstein（1986）认为，管理控制系统是基于市场、规则和文化的融合，组织在三者基础上实现动态平衡，以适应文化、技术和竞争力量的变化。他们指出，管理控制系统不应被视为一种机械装置，而应作为基于人类社会情境、反映人的意志的系统，从而激励组织成员采取有利于组织的行动。随着外部环境更加复杂多变，组织结构更加扁平和有机，需要更多采用基于文化、价值观的非正式控制，向员工充分授权，采用小团体控制，鼓励员工自主管理，激发员工由内而外的积极性、主动性和创造性，提升员工的自驱力、自控力、创新力和创造力，员工在为客户和企业创造价值的过程实现自我价值。

2.3　主要的管理控制框架

Merchant 和 Otley（2006）认为，具有代表性的管理控制框架包括 Anthony 基于会计的管理控制框架、Simons 基于管理控制杠杆的管理控制框架、Otley 基于绩效管理的管理控制框架等。

1. Anthony 基于会计的管理控制框架

Anthony（1965）开创了管理控制的研究，提出了基于会计的管理控制观。他将管理控制（Management Control）与战略规划（Strategic Planning）、任务控制（Operational Control）加以区别。他认为，管理控制是管理者为了实现组织目标，富于效率和效果地获取和使用资源的过程。战略规划主要用来决定组织的目标以及实现目标的资源与政策。任务控制确保组织各项具体任务有效率和效果地得以完成，管理控制是联结战略与运营的关键纽带。

Anthony 提出的管理控制框架如图 2－1 所示，他认为管理控制系统与自动调温器一样，都是一个控制系统。每个控制系统至少包括四个要素：探测器（Detector）、评定器（Selector）、受动器（Effector）与传输网络（Communication Network）。其中，探测器的作用是对受控过程实际正在发生的事件进行探测。评定器将实际与某个标准进行比较，确定实际发生事件的重要程度。当评定器显示需要改变行为时，受动器用于促进行为的改变。传输网络在探测器、评定器与受动器之间传输信息。

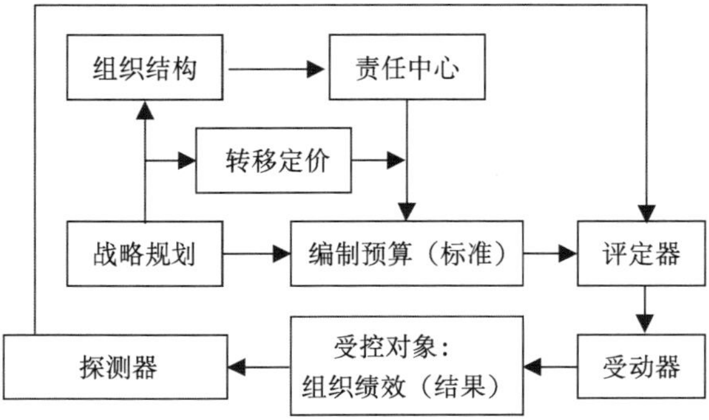

图 2－1　Anthony 的管理控制框架

资料来源：Anthony R，1965. Planning and control systems：a framework for analysis [M]. Boston：Harvard Business Press。

基于会计的管理控制系统的运行主要包括以下过程。首先，通过预算将组织的目标进行分解。其次，通过业绩评价衡量组织的业绩，与目标进行比较。再次，通过薪酬激励促进成员纠正绩效偏差。最后，通过沟通系统实现管理控制过程的整合。

Anthony 的管理控制框架的特点主要包括以下方面。

首先，Anthony 的管理控制框架高度依赖会计系统，形成了基于会计的管理控制观（Hansen et al.，2003）。Anthony 的管理控制框架很大程度是在标准控制和预算控制的基础上发展起来的，根据预算进行绩效评估和控制。

Anthony 强调了正式控制（通常是会计控制）和财务绩效（Otley，1999），而忽略了非正式控制（文化控制等）和非财务绩效。Anthony 的管理控制是一种狭义的管理控制观（Ferreira and Otley，2009），导致“管理控制”一度很大程度上等同于“管理会计”（Otley，1999）。

其次，Anthony 的管理控制模型以稳定的环境为假设，认为目标是确定的、绩效是能有效计量的、信息是能有效传递的。这些假设缺乏对环境变化与组织变革的考虑，忽略了管理控制系统的权变。

再次，Anthony 将管理控制与战略规划、任务控制分开，将管理控制的功能局限于战略的执行，忽略了管理控制对促进新战略形成的作用。事实上，当今组织的管理者可能需同时参与战略规划、管理控制和任务控制（Langfield - Smith，2007；Otley，1999）。Anthony 忽略了战略规划，可能是将战略视为既定前提，也可能是完全忽略，这导致了对不同的战略采取相同的管理控制与绩效评价体系的不正确倾向（Otley，1999）。

最后，Anthony 主要从管理者视角设计管理控制系统，缺少对员工参与管理控制的关注。尽管有所不足，但 Anthony 开创了管理控制的研究，对管理控制理论的发展产生了积极而深远的影响。他的框架引发了人们对管理动机和行为的关注，对 20 世纪 70 ~ 80 年代的行为管理会计产生了较大影响（Ferreira and Otley，2009）。

因此，未来在构建新型管理控制系统框架时，可以在正式控制的基础上，补充基于文化和价值观的非正式控制机制，同时将管理控制创新与战略更新、组织变革等进行整合研究，关注管理控制的权变。

2. Simons 基于管理控制杠杆的管理控制框架

Simons（1995）提出了基于战略交互的管理控制杠杆（Levers of Control，LOC），包括四部分：信念系统（Belief Systems）、边界控制系统（Boundary Systems）、诊断控制系统（Diagnostic Control Systems）和交互控制系统（Interactive Control Systems），如图 2 - 2 所示。

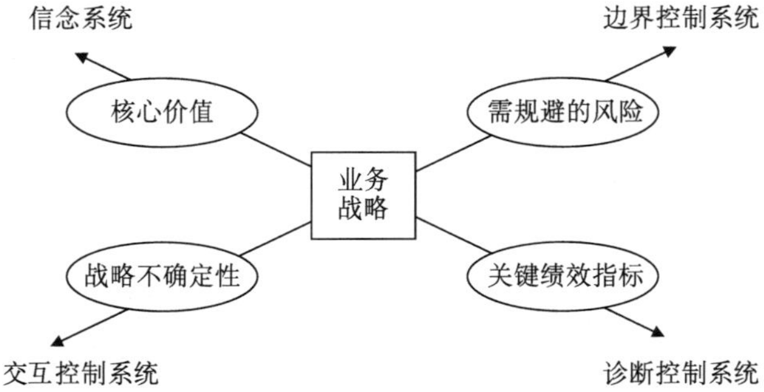

图 2-2　Simons 的管理控制杠杆

资料来源：Simons R，1995. Control in an age of empowerment［J］. Harvard Business Review，March-April：80-88。

其中，信念系统用于沟通组织的核心价值，让员工了解组织的核心价值观、愿景、使命和目标，通过授权鼓励员工探索和创造新机会，激励员工对组织目标进行承诺。

边界控制系统用于控制组织的风险，包括业务行为边界（Business Conduct Boundaries）与战略边界（Strategic Boundaries）。业务行为边界设定员工的行为准则和边界。战略边界设置战略机会寻求的边界（明确哪些机会是能接受的或不能接受的），让员工远离那些可能降低组织竞争优势的机会。边界控制系统通过建立组织的规则，界定员工必须避免的行为与陷阱。Simons 认为，告诉员工“不做什么”比告诉员工“做什么”更能激发员工的创造力和企业家精神，同时让员工的行为受控。

诊断控制系统用于管理组织的绩效，如同导航仪表盘，让管理者监控绩效、与目标对比分析、采取行动纠正偏差，沟通和管理关键成功要素，确保组织富有效率和效果地实现组织目标。

交互控制系统用于管理战略不确定性，驱动组织开发新的想法和战略。该系统如同天气预报，让组织动态感知环境变化下的机会和风险，自主适应外部环境变化。交互控制系统是管理者经常性地亲自参与下级部门决策的正式信息系统，共同分享新的信息，激发新的产品、流程和市场的创新。交互控制系统有利于组织动态调整和更新战略，以适应环境变化。

Simons 的不同控制杠杆有利于管理者平衡组织的创造力与控制力，实现自由与约束、授权与责任、自上而下的指引和自下而上的创造力等方面的平衡（Simons，1995）。

Simons 认为，管理者面临的挑战是如何在组织内实施适当的控制，同时又保持组织的灵活性、创新和创造力。他提出，竞争行业需要员工的自主性（Initiative），从而发现机会及快速响应客户，但追求某些机会也可能给组织带来风险或影响组织的协同。管理者应鼓励员工主动创新流程和方法，提升市场产出与客户满意度，但前提是以受控的方式。

Simons 认为，传统的管理控制被定义为基于计划的绩效评价，这过于狭窄，这种诊断控制仅仅是控制系统的一部分。

Simons（1995）提出，每个控制杠杆具有不同的作用，如表 2－1 所示，战略的成功需要不同控制杠杆的组合运用。

表 2－1　Simons 管理控制杠杆的不同作用

意图	组织的阻碍	管理措施	控制杠杆
贡献	对组织目标的不确定	沟通核心价值和使命	信念系统
正确的行为	压力和倾向	制定和加强规则	边界控制系统
实现绩效	缺乏聚焦或资源	制定和支持明确的目标	诊断控制系统
创造	缺乏机会或害怕风险	开放对话鼓励学习	交互控制系统

资料来源：Simons R，1995. Control in an age of empowerment [J]. Harvard Business Review，March－April：80－88。

Simons 的管理控制杠杆相比以往的管理控制框架是一个很大的进步，特别是他从战略以及环境交互的视角关注管理控制系统的设计。Simons 的管理控制杠杆的特点主要包括以下方面。

首先，Simons 的管理控制框架聚焦了战略问题以及管理控制系统的应用（Ferreia，2002）。Simons 认为管理控制系统的功能不仅仅局限于战略执行，管理控制系统还有利于驱动新战略的形成，促进组织的学习、变革与创新，是一种基于战略交互的管理控制观点。

其次，Simons 提供了更全面的视角来关注组织所采用的各种控制系统及使用方法（Ferreia，2002）。他突破了传统的基于绩效衡量的诊断控制，拓展了信念系统、边界控制系统和交互控制系统，形成了整合的管理控制杠杆。

再次，Simons 提出管理控制系统需平衡组织的控制力与创造力，在实现控制的同时激发员工的自主性和创新。这是一种更全面与平衡的管理控制观点。

最后，Simons 突破了传统基于稳定环境的管理控制模式，强调管理控制系统应动态关注外部环境变化与战略不确定性，促进组织战略更新和创新变革，实现管理控制系统与环境之间的动态适应，体现了管理控制系统的权变理念。

当然，Simons 的框架也存在一些不足，需要加以完善。第一，Simons 的控制杠杆未充分关注社会控制（Collier，2005）。第二，Simons 主要从高层管理者视角出发设计管理控制框架，忽略了组织底层的任务控制（Ferreira and Otley，2009）。第三，Simons 对控制杠杆的某些概念及内涵（如核心价值、交互控制）的描述模糊不清，带来很大的主观理解空间，比如，交互控制和诊断控制是控制的使用程度和方法，而非控制系统本身（Tessier and Otley，2012）。

未来的新型管理控制框架可以在 Simons 的基础上进行创新。一方面，增加基于组织文化、群体规范和社会关系等非正式控制内容。另一方面，关注组织变革与管理控制的相互融合。

3. Otley 基于绩效管理的管理控制框架

Otley（1999）认为，传统的管理控制主要关注财务绩效的评价和基于会计的控制，缺乏对全面控制的关注。因此，他提出了绩效管理框架（Performance Management System，PMSs），认为管理控制应更广泛参与组织的绩效管理，主要涉及目标、计划、绩效、激励、信息流五个方面的问题：组织关键目标的识别以及评估这些目标的流程与方法、规划实施战略和计划的流程以及绩效衡量和评估的过程、绩效目标的设定流程与标准、激励系统以及对组织绩效目标达成的影响、用于绩效监督和支持组织学习的信息流。

2009 年，Ferreira 和 Otley 在 Otley（1999）绩效管理框架的基础上进行拓展，提出了更全面的绩效管理框架，将原来的 5 个问题拓展到了 12 个问题，包括：愿景与使命、关键成功因素、组织结构、战略与计划、关键绩效指标、目标设定、业绩评价、激励系统、信息系统与网络、绩效管理系统应用、绩效管理系统变化、强度与连贯性，如图 2－3 所示。

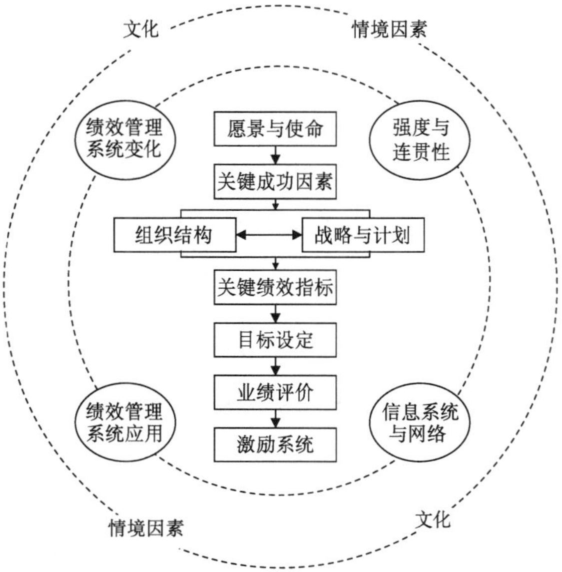

图 2－3　Ferreira 和 Otley 的绩效管理框架

资料来源：Ferreira A，Otley D T，2009. The design and use of management control systems：an extended framework for analysis［J］. Management Accounting Research，20：263－282。

Tessier 和 Otley (2012) 认为管理控制系统主要包括四部分：战略绩效系统、运营绩效系统、战略边界系统和运营边界系统。同时，他们认为管理控制系统的设计需考虑三个层面的选择：一是控制形式，包括社会控制与技术控制；二是控制的目标，包括绩效管理与合规管理；三是控制的角色，包括赋权和约束。

然而，Tessier 和 Otley (2012) 认为他们的框架也存在局限：一方面，该框架主要从管理者意图而非员工感知的视角设计管理控制系统，忽略了员工对管理控制系统设计的参与和贡献；另一方面，该框架忽略了组织结构、分权和组织学习对管理控制系统的影响。

Otley 将管理控制系统与战略、组织结构、文化、信息系统等整合，认为管理控制系统应更广泛地参与组织的绩效管理，从而提升管理控制的效果。

Otley 的绩效管理框架也存在不足。首先，Otley 对其提出的不同问题之间的联系缺乏建议。其次，Otley 的绩效管理框架可能仍停留在正式控制系统的设计而非应用层面 (Collier, 2005)。

未来在构建新型管理控制系统框架时，可以将 Ferreira 和 Otley (2009) 的绩效管理框架的要素进行模块整合，比如，将关键绩效指标、目标设定、绩效评价和薪酬激励整合为绩效管理系统，从而让框架更简洁。同时，吸收其他管理控制框架的优点。

总体而言，Anthony、Simons 和 Otley 等学者的管理控制框架各有其优点与不足，需整合各自的优点对管理控制系统进行创新和整合应用。

2.4 管理控制思想和研究视角的演进

管理控制系统随着时代环境变化不断发展和演进。对管理控制系统演进的研究不仅应关注管理控制工具的演进，更应关注其背后的时代变迁、环境变化和管理理念的转变。这种更宽广的视角有助于我们更深刻把握管理控制思想的演进背景、演进方向和演进规律，从而在互联网时代背景下更好地推进管理控制系统创新。

1. 从封闭理性向开放自然的管理控制演进

管理控制思想的起源可追溯到 20 世纪初的科学管理时期（Giglioni，1974）。1911 年，泰勒进行了著名的科学管理实验，实行管理工作的标准化控制，目标是追求管理更有效率。

自从韦伯提出科层制组织以来，控制一直成为管理的重要职能。古典管理理论的代表人物法约尔（Henry Fayol）提出了管理的五项职能，包括计划、组织、指挥、协调与控制，控制对另外四个管理要素起到综合的作用。传统的控制职能适应了组织分工和大规模标准化生产的需要。

20 世纪 60 年代以来，随着工业资本主义的发展，企业规模和范围不断扩大，事业部企业等复杂组织形式开始出现，组织内部分工日益深化，结构更加复杂，增加了协调和控制的复杂程度。同时，组织开始进行专门的战略和计划制定，通过管理控制系统执行组织的战略，这一时期的管理控制理论主要关注基于会计和规则的正式控制，根据预算进行绩效评价和控制，以 Anthony 基于会计观的管理控制框架为代表。

进入 20 世纪 90 年代以来，外部环境发生了巨大变化，充满不确定性，市场竞争更加激烈、信息技术快速发展，管理控制的研究开始关注组织面临的外部环境不确定性问题，强调管理控制系统的权变以适应外部环境变化，同时整合不同的管理控制机制，关注基于文化、信任、社会关系的非正式控制。管理控制系统需要根据外部环境变化、战略更新、组织变革等进行动态创新，实现管理控制系统与外部环境、战略、组织结构的动态匹配和相互促进。这一阶段的管理控制理论以 Simons、Otley 等为代表。

Scott（1981）认为组织的进化经历了封闭理性、封闭自然、开放理性和开放自然这四个阶段。Otley 等（1995）在此基础上提出了管理控制的四种研究视角，认为管理控制理论的研究和发展经历了从封闭理性逐渐演进为开放自然的阶段。

封闭理性视角将组织和管理控制视为达到预定目标的手段和被动执行过程，假定组织是一个封闭系统，忽视了与环境的交互作用，试图找到控制系统的理性、普遍的最佳方法，早期的管理控制系统就是这种代表。

封闭自然视角在原有的基础上注入了人际关系的成分，着重研究行为因素对控制系统的影响，但其仍然作用于组织内部。

开放理性视角注重随外界环境变化的权变，但仍强调组织效率与理性，管理控制目标和体系不能随环境变化动态调整。

开放自然视角充分关注内外部环境变化，强调根据环境变化动态优化管理控制系统。市场、技术、规模、文化、组织结构等内外部环境因素变化对管理控制模式的设计和运行产生深刻影响，人们开始谋求能够灵活适应环境变化的管理控制模式。

行为因素的研究促进了管理控制从理性到自然视角的转变，关注人的因素和自主性对管理控制系统的影响。环境变化因素促进了管理控制研究从封闭到开放的转变，更重视环境变化对管理控制系统的影响，关注管理控制系统的权变。

随着时代变化，管理控制系统逐渐从一个相对简单封闭的控制系统演变为包括不同管理控制机制与工具的复杂开放的控制系统，更好地适应外部环境变化，促进组织目标的达成。

2. 管理控制功能从战略执行、约束控制拓展到促进战略创新、价值创造、组织变革和自主适应外部环境变化

国际会计师联合会（IFAC）于 1998 年将管理会计的发展历程划分为四个阶段：成本确定与财务控制（1950 年以前）、为计划和控制提供决策信息、消除商业流程中的资源浪费、通过有效的资源

利用进行价值创造。

进入互联网时代，外部环境快速变化、技术发展日新月异、用户需求更加个性化与多样化，组织结构动态变革、战略动态创新、市场竞争更加激烈，需要构建基于核心企业的网络组织生态圈，促进员工自我管理和自我价值实现。

基于现代经济市场化、全球化、信息化和网络化的特征，管理会计应跳出企业主体的思维，站在价值链甚至网络价值链的角度，创新发展管理会计（冯巧根，2016）。

互联网时代的管理控制系统动态演进和创新，逐渐从机械控制向有机控制、从单一控制向整合控制、从集权控制向自主管理、从封闭系统向开放创新，从约束控制向信任合作、从合规控制向价值创造转变。

互联网时代的管理控制系统进入一个新的发展阶段，需要驱动组织变革与战略创新，关注基于企业内部跨边界团队以及企业间价值网络的管理会计，激发员工的企业家精神，激励组织成员与不同利益相关者共创价值与共享价值，促进组织自主适应外部环境变化，提高市场响应速度与动态竞争能力。

2.5　管理控制系统的权变

“权变”（Contingency）的涵义是因时因地变化。根据权变理论，没有广泛适用的管理控制系统，需要结合具体的组织环境选择合适的管理控制系统（Otley，1999）。管理会计是一门权变性的管理科学，要增强管理会计为顾客创造价值的灵活性或权变性（冯巧根，2016）。

管理控制系统的设计需要与外部环境、战略、组织结构、技术、文化等匹配，随着内外部环境变化而动态创新。

1. 管理控制系统与外部环境的关系

管理控制系统的设计需要关注外部环境。Khandwalla（1977）认为环境变量包括动荡性（风险、不可预测、变化和模糊）、对立性（压力、限制）、多元性（产品、客户的类别）以及复杂性（技术的快速变化）。对环境而言，应特别关注不确定性。权变理论认为，外部环境包括社会、经济、供应商、客户和竞争者等（陈俊佳，2003）。

基于不确定的环境，需构建更加有机、柔性、开放、整合的管理控制系统。复杂不确定的环境对管理控制系统的设计提出了新的挑战，需要将正式控制系统与非正式的沟通与信息系统有机整合（Chenhall，2007）。

2. 管理控制系统与战略的关系

战略是管理控制系统的核心变量之一（Otley，1999）。战略是组织为了实现目标而选择的长期方向。环境、战略和内部结构（如管理控制系统）之间的相互匹配与高绩效之间有联系（Govindarajan，1988）。不同的战略可能需要设计不同的管理控制系统，其管理控制系统的应用也有差异（Langfield－Smith，1997）。现代组织的战略变得越来越复杂，组织可能需要同时实现低成本、差异化、高质量、柔性、即时生产的需求（Chenhall，2007），因此管理控制系统需要关注更加复杂和动态的战略。大多数有关战略与管理控制系统关系的研究关注管理控制系统如何匹配既定的战略，强调管理控制系统对战略执行的作用，忽略了管理控制系统对促进战略更新的作用。其实，管理控制系统也能促进新战略的形成（Ferreira and Otley，2009）。随着环境变化，组织需要动态更新战略，动态开发新的市场机会。

3. 管理控制系统与组织结构的关系

组织结构形式多样，可基于不同特征加以选择与组合，这些特征包括分权或集权、差异化或标准化、以及规则与流程的正式化程度（Johnson et al.，2005）。这种组合包括组织的结构、流程和关系。其中，结构包括团队型组织等，流程包括监督、计划和市场等流程，关系包括组织内部和外部关系。组织结构的选择需基于特定情境，取决于市场结构、战略、生产流程以及信息不对称的程度等因素。

有关组织结构的权变研究关注了如何选择合适的组织结构以适应外部环境（Burns and Stalker，1961）、组织如何适应战略（Chandler，1962）和技术。通常认为有机组织更适用于不确定环境。Scott 和 Tiessen（1999）认为，团队型结构与高的任务复杂性相关，团队绩效与全面的业绩指标（财务与非财务）、参与管理以及基于团队产出的薪酬激励相关。

4. 管理控制系统与文化的关系

有关管理控制系统与文化之间的关系将权变研究从组织视角更多转向社会视角（Chenhall，2007）。

首先，需关注国家文化对管理控制系统的影响。Hofstede（1984）认为，国家文化的属性包括：权力距离（接受不平等权力配置的程度）、个体主义与集体主义（个体利益相对群体利益的优先级）、不确定性的规避程度（规避风险的偏好以及对规则结构的依赖）以及男权主义与女权主义（成就、自负程度等）。

其次，需要关注组织文化对管理控制系统的影响。组织文化是由成员所共享的、能改变成员想法和行动的价值观、信念和社会规范。较强的组织文化能在工作情境下发挥更大的作用。

组织文化对管理控制系统的设计和运行具有重要的影响，基于不确定的环境与柔性的组织结构，需要构建以客户导向、员工自主管理、信任合作、创新与创造价值等为特征的新型组织文化，提升基于文化的非正式控制的作用。

5. 管理控制系统与技术的关系

与管理控制系统设计相关的技术因素主要包括复杂性、任务不确定性和相互依赖性等方面。

采用标准化技术和自动化程序的组织将更多采用正式控制（Khandwalla，1977）。相反，如果组织运用复杂的技术来进行产品个性化定制，将要求柔性响应、开放沟通和相互合作的有机控制系统。

不确定的任务很少依赖财务绩效指标（Hirst，1983），而更适合采用员工参与的管理方式。从相互依赖的角度，若相互依赖程度低，主要采用预算、运营程序等正式控制；若相互依赖程度高，则需要采用更广泛的管理控制系统和整合信息（Chenhall and Morris，1986），运用非正式控制。

在柔性与客户导向的环境下，需要平衡正式控制与非正式控制。一方面，在运营层面强调正式控制以提升效率，另一方面，在管理和战略方面强调非正式控制，以更好地应对复杂的技术环境（Chenhall，2007）。

第 3 章 网络组织的特征及其对传统管理控制系统的挑战

随着互联网时代的到来，企业所面临的外部环境变得更加动荡（Volatile）、不确定（Uncertain）、复杂（Complex）和模糊（Ambiguity）。市场快速变化、竞争激烈、用户需求更加个性化和多元化。外部环境变化催生了更加有机柔性的新型组织形态，网络组织应运而生。

网络组织的边界可渗透，既存在于企业内部单元之间，又存在于企业之间（Applegate et al.，1988）。刚开始，人们主要关注组织间的网络关系（Inter - organizational Network），包括供应链、战略联盟等。伴随组织的分权，组织内的网络关系（Intra - organizational Network）逐渐受到广泛关注，如跨功能团队等。网络组织比市场更稳定，同时比科层组织更灵活（Alstyne，1997）。

跨功能团队等组织内部网络结构有利于促进不同职能的组织成员自主协同合作，共同满足客户需求和创造价值。企业生态圈等组织间网络结构有利于促进企业与外部供应商、合作方等利益相关方开放合作，实现价值共赢共享，提升网络组织的价值和竞争力。

3.1 网络组织的概念、结构与运行

3.1.1 网络组织的概念

李维安等（2014）认为，网络组织按不同学科可以划分为技术网络、社会网络和组织网络。技术网络主要是计算机网络。社会网络指“社会个体成员之间因为互动而形成的相对稳定的关系体系，并且作为一个新的整体展现出了新的特性”（Mitchell，1969）。组织网络是组织存在的一种结构与形态，从宏观角度，组织网络是与市场和层级并列的一种资源配置方式；从微观角度，组织网络包括企业内部的组织网络以及企业之间通过合作、联盟、连锁等形成的组织网络。

1. 新型组织形式：组织网络

从宏观而言，组织通常分两极，一极是市场，另一极是企业。科斯认为，“企业的本质特征是对市场的替代”。

然而，Williamson（1985）认为，现实存在的组织形式不仅仅局限于市场和企业，至少还存在一种混合（Hybrid）形式。网络组织是一种融合市场与企业的混合组织形式。

网络组织既非企业，也非市场，而是介于市场与企业之间的组织形式，兼有企业的协调因素和市场的交易因素（Thorelli，1986）。网络组织对传统的科层组织和市场的两分法格局进行突破，形成一种不可缺少的新型组织形式（Powell，1990）。

市场治理（Market Governance）与科层治理（Hierarchical Governance）通常被认为是两种主要的治理形式。不同的治理形式采用不同的控制机制。其中，市场治理通过组织间的竞争实现控制，科层治理通过诸如权力、激励和监督等机制实现控制，而混合治理则通过成员关系的协同与网络结构实现控制。

在组织内部，跨功能团队等组织内部网络结构有利于促进组织成员实现全流程自主协调合作，共享目标、资源和价值，快速响应和满足客户需求，共同创造价值和分享价值。

2. 社会学视角的网络组织：社会网络

社会学观点认为，网络组织是一个社会网络，它渗透了正式组织的边界，消除了正式部门的限制，形成了多样化的人际关系（Baker，1992）。

网络是基于一系列个体、团队和组织的社会关系模式（Sailer，1978）。以团队为结点的网络结构有利于增强组织的社会联系，通过社会网络关系和信任实现相互协调与合作，有利于减少协调成本。而传统的独立个体以及组织之间通常通过市场交易进行联系，这增加了交易成本。网络让人联想到“互联”，强调个体协商和非经济层面的社会压力在群体活动中的重要性（Alstyne，1997）。

从战略的角度，网络是相互独立但又相互关联的组织之间有目标的关系安排，以获得长期竞争优势（Jarillo，1988）。从组织的角度，网络有利于应对不稳定的环境，实现横向沟通。从信息的角度，网络涉及信息沟通、协议和控制架构。

林润辉和李维安（2000）认为，“网络组织是一个由活性结点的网络联结构成的有机的组织系统。信息流驱动网络组织运作，网络组织协议保证网络组织的正常运转，网络组织通过重组来适应外部环境，通过网络组织成员合作创新实现组织目标”。同时，他们认为，网络组织“具有传统企业明确的目标，又引入了市场的灵活机制，同时它十分强调网络组织要素协作、创新特征与多赢的目标，并建立在新的社会、经济、技术平台上”。网络组织的结构如图 3－1 所示。

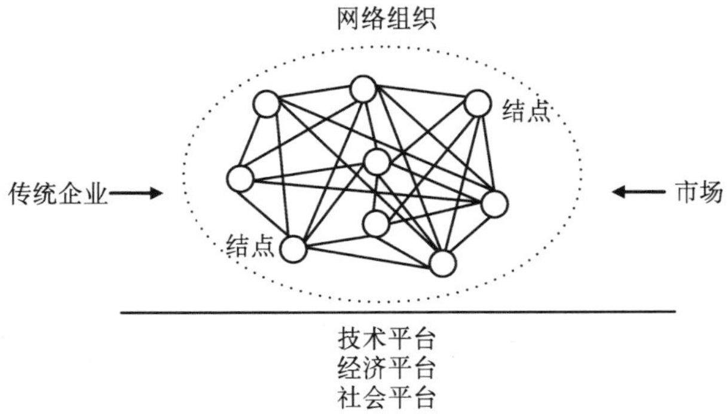

图 3－1　网络组织的结构

资料来源：林润辉，李维安，2000. 网络组织——更具环境适应能力的新型组织模式［J］. 南开管理评论（3）：4－7，有所改编。

3.1.2　网络组织的结构特征

网络组织结构具有网络化、模块化、分权赋能、信任合作、高效沟通、自主适应、开放创新、互利共赢、价值共创共享等特征。网络组织范式包含了自组织、生态系统等组织特性。

1. 去等级、去中心化的网络结构

网络组织具有模块化与网络化的结构特征，由不同的子系统和结点构成，通过明确的规则进行松散耦合（Loose Coupling），每个单元具有自主决策的能力和对结果负责的义务。网络组织强调通过结点和组织成员之间的自主协调与合作来快速满足市场需求，促进组织创新与价值创造，实现组织的目标。

网络组织在内部经营单元之间和外部组织之间实现了边界的渗透（Alstyne，1997）。网络组织是由具有自主能力的结点动态组成的有机系统，结点可以是个体、团队或者企业。网络组织打破了科层组织的刚性结构，减少和消除了组织层级，形成去等级化、去中心化、动态互联、自主适应的柔性结构，结点之间的关系从传统的等级关系转变为自主协同合作的社会网络关系。组织形态发生革命性变化：一是组织虚拟化，二是组织平台化，三是组织扁平化，四是组织权变化（谢志华等，2020）。

网络组织的“去中心化”体现为内外两个方面。在企业外部，由市场和用户驱动，组织成员快速满足用户个性化需求，从传统的“以企业为中心”转变成“以用户为中心”。在企业内部，员工成为自主管理和价值创造的主体，激励员工自主决策、自主经营、自我激励、自我约束，从传统的“以领导为中心”转变为“以员工为中心”，实现“员工听用户的，企业听员工的”。

网络组织相同功能的结点之间具有很高的替代性，将市场的竞争机制引入组织内部，有利于激励经营单元主动创新、相互超越、提升能力，实现高绩效产出。

网络组织的成员之间相互信任、相互承诺、自主协同，共享目标、资源和价值，根据市场需求持续创新产品和服务，共同创造和分享价值，形成一种共同进化的开放创新体系，提升组织的柔性和竞争能力。

网络组织是以顾客为中心、以市场和流程驱动、组织单元自主经营的有机组织。有机结构具有松散、柔性和适应力强的特点，通常很少有固定规则，决策是分权的（Burns and Stalker，1961）。

网络组织结构有利于提升组织的协同能力、资源整合能力、创新能力和价值创造能力。网络组织通过不同结点的协同创新与资源共享，有利于提升企业生态圈网络的价值和竞争力，实现整体价值比个体价值大很多的乘数效应，促进组织内外部成员的信任合作，实现单个部门、单个企业所无法单独实现的更高绩效，创造更大的价值。

2. 自适应、自优化的自组织与生态系统

网络组织具有自组织的特征，有利于自主适应外部环境变化，构建一个持续创新的生态系统（Ecosystem）。Ashby 受生物系统的启发，提出了自组织（Self - organization）的概念。协同学认为，自组织是社会系统自我完善的基本途径。汤临佳等（2020）将创新生态系统的功能归纳为三点：提供稳定的创新环境、增加系统成员的交互强度、提高成员整体的成长速率。

网络组织的每个结点直接对市场需求及变化自主做出决策和反应，而无需通过传统的上级指令。网络组织结构的优点是对客户与市场需求反应的灵活性和弹性，企业内部每个组织单元成为自组织和独立经营主体（刘俊茹，2006）。网络组织通过开放、柔性、自主的结构设计，有利于实现组织的动态平衡，自主适应外部环境变化。熵是系统从有序走向无序的描述（万百五，2012），系统应吸收外界能量、信息和依靠系统自组织能力产生负熵流。网络组织作为开放系统，通过获取负熵实现动态平衡。

根据演化经济学和组织自适应理论，网络组织结构有利于促进组织自主运行、自主适应环境变化、动态创新变革，快速响应外部需求。权变式组织的每个部门和岗位都为响应外部需求变化而实时组建并运行，根据外部需求变化随时进行调整（谢志华等，2020）。

网络组织的自组织特征有利于应对外部环境的复杂性。在不确定的环境下，网络组织结构更容易让不同的组织成员共同关注环境变化和不确定性，共同创新和变革，更好地实现组织的目标。

3. 灵活应对市场变化与快速响应客户需求

网络组织结构更有利于企业灵活应对市场变化与快速满足客户需求，更好地提升竞争能力。网络结构通过资源的替代性、模块设计、松散耦合、流程并联（Parallelism）等提升组织的灵活性和自主适应能力（Alstyne，1997）。面对激烈的市场竞争，网络组织有利于促进员工自主决策与相互协同，根据用户的个性化需求，快速提供个性化的产品和服务，提升用户满意度。网络组织将权力和义务集成在各个结点，授权团队等经营单元自主决策，组织成员围绕共同的目标自主合作。网络组织能提升组织效率，让组织在变化的环境中生存和发展，持续开拓新的市场机会，提升组织的长期竞争优势。

4. 高效的信息沟通促进组织学习和创新

网络组织的沟通更加直接，实现快速沟通和信息共享，信息技术重构了沟通路线，减少了信息不对称，改变了组织成员的角色和等级（Alstyne，1997）。同时，信息技术在网络组织扮演了重要的角色（Malone，1991）。由于更多成员共享信息以及采用信息技术，网络组织的信息更加准确和及时，有利于提升决策效率以及保持差异化的竞争优势。

网络组织结构更有利于促进组织学习和创新。通过网络组织内外部成员之间的知识共享、更丰富的信息搜集路径与沟通渠道，网络组织极大提升了对信息与知识的获取和利用能力，有利于促进组织创新和价值创造，促进组织成员相互合作与共同学习。

5. 市场驱动流程并联协作

由于消除了部门的边界，网络组织的工作更多通过项目驱动，而非职能驱动（Malone，1991）。网络组织建立以客户为中心的同步并联（Parallelism）协作流程，研发、营销、生产、服务和支持等人员能同步获取客户需求等信息，促进组织成员共同合作快速满足客户需求，不同职能的成员共同对市场和价值产出负责，促进目标统一与资源共享，提高流程的效率和效果。科层组织的流程往往是从营销到设计、生产、配送的逐步任务传递，而网络组织则实现了所有这些功能的同步合作（Alstyne，1997），有利于支持企业进行大规模定制。

并联流程有利于构建水平组织，以跨边界团队取代职能部门，构建基于顾客导向的业务流程，流程运转由市场驱动而非上级驱动，将员工行为与顾客满意度联系起来，提升顾客价值与企业价值。

6. 提升组织的动态能力与竞争优势

关于企业竞争优势的源泉，长久以来，学者一直高度依赖

“资源基础理论”（Resource - based Theory，RBT）进行解释。该理论认为，如果企业拥有独特、稀有、其他企业难以模仿与不可替代的优势资源，企业将获得其他对手所没有的竞争优势（Warnerfelt，1984）。资源基础理论把企业视为资源的集合体，包括有形的、无形的以及和人力相关的资源。然而，资源基础理论没有解释资源获取的源泉，也无法解释企业在动态发展过程中如何持续获得竞争优势。

Prahalad 和 Hamel（1990）提出了核心能力理论，该理论认为企业是能力的集合体，核心能力是组织内部的集体性学识，能协调不同的生产技能与技术，让企业为客户创造更多价值。然而，核心能力理论解释了静态竞争环境下企业竞争优势的来源，但忽略了环境的影响，难以解释高度变化情境下的竞争优势来源。另外，传统的核心能力往往无法随环境变化而动态调整。

Teece 等人（1997）提出了动态能力理论（Dynamic Capabilities Theory），他们认为，面对高度不确定的商业环境，企业需要适应、整合与重构企业的内外部资源、组织结构、技术和能力，从而使企业在不确定环境下动态保持竞争优势，这种能力就是动态能力。动态能力是企业可持续竞争优势的重要来源。动态能力包括对机会的感知能力（Sensing）、获取能力（Seizing）和重构能力（Reconfiguration），动态能力更依赖于企业商业模式创新，商业模式创新为动态能力的发展提供重要的保障（Teece，2007）。

进入全球化、新经济和互联网时代，组织内部和组织间越来越呈现一种相互依赖与合作共赢的发展路径，单个成员和单个企业难以获得持续发展所需的所有机会、资源和能力，只有强化组织内外部成员间的合作以及资源能力的共享，企业才能在变化的市场环境持续保持竞争优势，实现持续发展。

网络组织结构有利于企业与外部合作方之间构建合作共赢的生态圈，促进企业动态适应环境变化，开放整合资源、技术和能力，在复杂多变的环境下实现相互协同、能力重构和动态优化，从单个企业之间的竞争转变为产业生态圈之间的竞争，创新基于企业生态圈的商业模式，提升基于企业生态圈的竞争优势，创造基于企业生态圈的价值网络。企业与经销商、供应商之间不是松散的买卖关系，而是一种具有高强度市场激励和高效战略协同效果的生态圈价值网络关系，能更好地提升企业的开放创新能力与市场竞争力。

7. 价值共创共享的互惠机制

互惠是网络组织的核心特征（Powell, 1990）。网络组织的成员拥有共同的集体目标，有利于促进个体目标与组织目标的统一（Alstyne, 1997）。网络组织的内外部成员共同面对市场和客户，共同开发和满足客户需求，共同创造和分享价值，实现利益相关者价值最大化，促进企业生态圈价值共赢。

8. 提升员工的自主管理意识与企业家精神

网络组织将所有权和决策权下放到结点，鼓励员工自主经营、自主决策、自我控制，提升员工的主人意识（Ownership），激发员工主动创业创新和创造价值的企业家精神。网络组织的团队和员工直接面对市场和客户，快速响应和满足客户需求，主动为客户创造价值，根据创造的价值分享价值。网络组织成员的影响力更多来自专业知识和创造价值的能力，而非等级。

9. 整合外部资源促进开放创新与提升资源效率

网络组织的资源更加柔性与开放，能更好地实现产品与服务的个性化定制（Jarillo, 1988）。网络组织结构有利于开放引入外部资源，消除传统的资源壁垒，实现合作网络的不同企业、不同成员之间的资源共享，促进开放式创新。企业通过合作网络获取的创新资源更容易与企业内部知识相结合，实现协同效应，更有利于企业创造有价值的产品（Wynarczyk et al., 2013）。同时，网络组织授权经营单元根据市场机会与价值产出自主配置资源，高绩效的经营单元将优先得到更多的资源，实现更公平合理配置资源，提升资源的利用效率。网络组织更关注客户网络、人力资本等的开发与价值提升。

10. 高度信任、相互承诺的组织文化促进自主协同合作

在网络组织中，需要成员之间高度的信任与相互承诺（Jarillo, 1988），以促进相互合作与自主协调。信任是企业文化的重要组成部分，是重要的社会资本，是组织成员自主管理与相互合作的基础。网络合作者之间相互信任、及时沟通，愿意创造和做大共同利益（Dorn et al.，2016）。网络组织高度信任、相互承诺、自主管理、合作共赢的新型组织文化有利于激发组织成员共同合作，实现组织的目标。网络组织通过关系协议和自主协商来解决冲突，而科层组织和市场则分别采用行政干预及法律手段来解决争端。

Alstyne（1997）分析了网络组织与科层组织、市场的区别，如表 3－1 所示。

表 3－1　网络组织与科层组织、市场的比较

特征	科层组织	网络组织	市场
目的	核心管理层利益优先	合作方利益优先	提供交易平台
垂直一体化	· 垂直一体化程度高 · 所有权集中	· 可变 · 所有权模块化、分散	· 无 · 所有权完全分散
资产和资源	· 资产专用性高，不易交易 · 资源过剩、缓冲存货 · 固定、大型的有形资产	· 适度的资产专用性 · 很少过剩资源 · 柔性、更多无形资产	· 资产专用性低 · 易于交易
产品	大规模生产、规模经济	· 更定制化生产 · 规模经济、范围经济	允许巨大变化的现场合约
信任	低	较高	低
产权转移	· 生产时索取工资 · 对劳动报酬索取权较少或者无	· 分散、持续的产权转移 · 协商、共享的收益索取权	销售时的薪酬或收益索取权，由产权决定

续表

特征	科层组织	网络组织	市场
冲突解决路径	·通过详尽合约 ·行政协调	通过关系/经常性合约、协商、互惠原则	·通过市场规范 ·法庭、法律体系
边界	·固定、刚性、内外部边界 ·强，典型的静态连接或联合	·柔性、可渗透、相对、潜在联结 ·动态联结或联合	·独立、边界细微 ·不明显、公平、一次性联结或联合
沟通	·持续 ·通过（垂直）渠道沟通 ·一对多或多对一	·按需沟通 ·直接沟通 ·多对多和点到点	·短期 ·直接沟通 ·多对多和点到点
任务基础	职能导向	项目导向	单一
激励	·激励作用低，事先设定步骤和产出目标 ·主要依赖固定工资	·激励强度较高，业绩导向的激励 ·通过多重交易实现收益	高强度激励，销售产出或退出市场
决策	自上而下的决策、远距离决策	共同或协商决策、基层自主决策	即时、完全自主决策
信息集中	·静态环境中，信息收集最少 ·通过专业部门（如营销）	·分散的信息收集 ·适度收集信息	·通过价格传导信息 ·价格信息极其重要，需收集价格信息
控制/权威/影响模式	·基于地位或规则 ·命令与服从关系	·基于专业技能或声誉实现影响、更多协商 ·联结过程共同控制	通过价格机制协商

资料来源：Alstyne M V, 1997. The state of network organization: a survey in three frameworks [J]. Journal of Organizational Computing and Electronic Commerce, 7 (3): 83－151, 有所改编。

通过网络组织变革，将企业从传统的一艘大船转变为一群联合舰队，既提升组织单元和员工的个体活力，又提升组织整体的合力，实现战略协同，提升组织的柔性与自主适应能力，实现“大企业做小，小企业做大”。

在网络组织内部，取消层级，实现扁平化，自主经营团队成为价值创造、创新和自主管理的基本单元，同时将原来的串联流程转变为并联流程，有利于组织快速感知与响应市场变化，提升组织的竞争能力。在组织外部，消除企业与外部的边界，促进员工与用户零距离交互，促进企业与外部合作方构建开放的合作网络和利益共同体，共同为用户创造价值，实现利益相关者价值最大化。

3.1.3 网络组织的结点：跨边界自主经营团队

网络组织打破了传统组织的层级与边界，建立起由结点构成的网络结构。结点是网络组织最基本的构成单位，结点的活性越高、开放程度越大，结点个体以及网络整体的创新绩效越高（林润辉等，2013）。

网络中的各结点承担组织的责任和义务（Quinn，1992），每个结点在一定范围内具有自主运营和决策的能力，从而让组织在面对不确定环境时具有较好的适应性（梁栋，2002）。

跨边界团队是网络组织结点的一种重要形式。团队具有灵活、高效、快速响应等特点，组织越来越多采用团队结构（Cohen and Bailey，1997）。组织通过将权力下放给团队，让团队自主管理，有利于快速应对市场变化，提升组织的自主适应能力。

1. 团队的内涵和作用

Alchian 和 Demsetz（1972）提出了“团队生产”（Team Production）的概念。他们认为，团队生产通过团队成员之间的合作来获取收益。基于团队的绩效评价与激励机制有利于激发员工的积极性、主动性与创造性，驱动团队成员提升绩效与价值贡献，团队能基于价值创造获得更大的报酬与价值分享，促进组织绩效提升与战略目标达成。

团队通常定义为任务相互依赖、对结果共担责任的个体的集合。团队是指由两个或两个以上人员组成的相互影响与相互依赖、为实现共同价值目标（或使命）而工作的可识别的集合（Salas et al.，1992）。Cohen 和 Bailey（1997）认为，团队是个体的集合，这些个体在任务上相互依赖、共担产出的责任，团队成为嵌入在一个或多个大型社会体系（如事业部、公司）内部的完整的社会单元，团队成员跨越组织边界对相互之间的关系进行管理。团队（Team）与群体（Group）这两个词通常互用。

团队型结构对打破科层制及提升组织的环境适应能力有重要的作用，团队能提升组织响应的速度和质量（Scott and Tiessen，1999）。在组织内部建立正式与非正式的团队有利于促进组织的协同、合作与创新（Mohrman and Mohrman，1993），提升员工的参与度和满意度（Cohen，1993）。

2. 传统的团队类型

斯蒂芬·P. 罗宾斯和玛丽·库尔特（2003）列举了组织中最常见的团队类型：一是职能团队（Functional Team），这种团队由一名管理者及来自同一职能领域的若干下属成员组成，以解决专业问题；二是跨职能团队（Cross - functional Team），它由来自不同领域的专家组成，以完成各种任务；三是自我管理团队（Self - managed Team），其运行不需要管理者，团队成员自我管理、自主决定如何构造角色，推动工作进程、完成工作任务；四是虚拟团队（Virtual Team），其成员分布于不同的地点和时区，通过电子媒介联系、工作和完成目标。

Cohen 和 Bailey（1997）从另一个角度分析了四种主要的团队：一是工作团队（Work Team），该团队是负责生产产品和提供服务的持续工作小组，成员相对稳定，通常全职、定义清晰；二是平行团队（Parallel Team），通过整合不同工作小组与岗位的人员来完成未设置专门部门执行的功能，平行团队与正式组织平行存在，具备有限的权力且只能向上级提出建议，平行团队通常用于解决问题和改善活动，包括质量改善团队、员工参与小组等；三是项目团队（Project Team），通常具有时限性，产出一次性的成果，如新产品团队、新服务团队、新的信息系统团队、新工厂建设团队等，大部分项目团队是一次性的，其成员来自不同的专业领域和功能部门，运用各种知识、判断与专业技能，为项目贡献不同的专业知识；四是管理团队（Management Team），该团队对下级组织单元（Sub－units）进行协调、提供方向，实现在关键业务流程上的协同，管理团队对经营单元的整体绩效负责，其权威源于成员的权力等级，由不同部门（如研发、生产、营销、质量等）的负责人组成。

传统的任务团队主要关注企业内部的任务执行和过程控制，很少关注市场目标、市场产出和价值创造，很少参与战略管理、经营决策和价值分享。

3. 网络组织的新型自主经营团队

本书创新提出了“自主经营团队”这一新型团队概念，自主经营团队作为网络组织的基本经营单元和价值单元，具有更大的自主权，如同一个“小微企业”，不同于传统的职能团队、工作团队、项目团队与自我管理团队。

网络组织的自主经营团队以市场为导向、以价值创造为目标、聚焦战略、自主经营、自主决策，团队成员根据团队绩效进行激励与价值分享。自主经营团队是跨边界组建的共同对市场产出和全流程绩效负责的经营单元，有利于动态适应外部环境变化、快速响应市场需求，提升组织绩效。

自主经营团队通常负责某个具体的经营领域（如产品、区域、渠道、客户等），对该经营领域的市场目标、市场产出、价值创造、经营成果与市场竞争力负责。自主经营团队通过为用户和企业创造价值，实现员工的自我价值。网络组织的自主经营团队的创新主要体现在以下方面。

（1）组织创新。网络组织将跨边界自主经营团队作为自主经营单元和价值单元，有利于提升组织的活力、效率与自主适应能力。自主经营团队成员主动承诺与达成高绩效目标，实现自驱动、自运转、自适应、自创新、自我激励、自我约束（“六自”）。通过自主经营团队，将一个大企业转变为由众多灵活高效的团队构建的网络组织，有利于提升组织的灵活性与柔性，动态适应环境变化，快速响应市场变化与满足客户需求，提升市场竞争力。网络组织以自主经营团队为基本单元，将组织的战略、目标、预算、绩效评价、激励等管理控制要素在团队层面有机整合与有效运行，促进组织战略与目标的达成。

（2）机制创新。网络组织授予自主经营团队高度的自主权，激发团队成员的企业家精神，有利于促进组织创新与价值创造。自主经营团队具有自主经营权、自主决策权、资源配置权、自主用人权、剩余控制权和剩余索取权（“六权”），驱动团队主动创业、创新和创造价值（“三创”）。自主经营团队能对其经营策略、业务计划、资源配置、产品创新和运营过程等进行自主决策，实现自我激励和自主控制。

（3）战略导向。自主经营团队充分参与战略交互、战略决策、战略更新与战略执行，促进组织战略的达成。网络组织将战略直接深入自主经营团队层面，构建战略型团队，将战略转化为员工的日常行动。自主经营团队主动承接组织的战略，对战略绩效负责。相比而言，传统的组织一般将战略停留在事业部层面，如战略事业单元（SBU）。自主经营团队比事业部规模更小、更加灵活，有利于快速抓住市场机会，提升组织对环境变化的自主适应能力，促进战略目标的达成。

（4）市场导向。自主经营团队以客户为中心，对市场产出、客户满意度、市场竞争力等目标负责，有利于提升市场竞争力。团队直接面对市场，主动探索和开发新的市场机会，快速应对市场变化，满足用户个性化需求，为客户创造价值，实现员工与市场零距离。网络组织根据团队的市场产出进行市场绩效评价和高效能的市场激励。

（5）价值导向。自主经营团队以价值创造为目标，提升组织的价值创造能力。自主经营团队的成员共同对全流程的价值产出和绩效（收入、利润、价值创造等）负责，根据团队创造的价值进行团队激励与价值分享，驱动员工主动创造价值，实现自我价值。通过内外部对标，激励自主经营团队主动承诺与达成高绩效目标，主动探索开发新的市场机会，提升资源效率，提升绩效与价值创造。

（6）员工角色发生深刻的变化。网络组织的自主经营团队成员从传统的“雇员”转变为具有企业家精神的“创客”，从传统的“被管理者”转变为“自主管理者”，从传统的“任务执行者”转变为“价值创造者”，从传统的“人力成本”转变为“人力资本”，极大地激发和提升员工的积极性、主动性、创新力与创造力，实现员工创客化，提升员工的所有者意识，促进员工与组织目标的高度统一，更好地达成组织目标，实现价值共赢。

《创客》的作者安德森认为，创客（Maker）运动是一种具有划时代意义的新浪潮，将实现全民创造、开源创新。通过创客机制，有利于激发员工的创业创新精神，让员工如同企业家一样决策和行动。这种机制能最大限度释放员工的活力，促进员工主动创新和创造价值。

网络组织的自主经营团队超越了传统团队的概念，从自主经营、战略导向、市场导向、价值创造、创业创新、企业家精神、分享剩余控制权与剩余索取权等维度赋予团队更多新的内涵。自主经营团队是一种聚焦战略、市场目标和价值创造的全新团队，员工在小型、迅速响应、高度承诺的自主经营团队里创造价值与实现自我价值。员工主动对顾客和绩效目标负责、勇于承担风险、主动创新、自主决策，组织变得更有创造力和竞争力（Barker，1993），能提升组织的效率和环境应变能力（Mintzberg，1988），增进组织的创新和学习能力。

自主经营团队能在组织内通过极强的示范推广、相互对标、相互超越、相互学习等过程，起到促进组织优化、创新变革与绩效提升的作用，提升了组织的柔性与活力，促进组织创新与价值创造。网络组织的自主经营团队与科层组织的传统团队的区别如表 3－2 所示。

表 3－2　　自主经营团队与传统团队的区别

项目	科层组织的传统团队	网络组织的自主经营团队
战略导向	很少参与战略	参与战略交互、战略更新和战略执行
组织	工作小组、任务团队	自主经营单元和价值中心，如同小微公司
市场导向	关注企业内部，很少关注市场	关注外部市场，强调与顾客零距离
目标	团队主要关注任务和执行	对市场绩效和全流程价值产出（如利润、顾客满意度等）负责，主动挑战高绩效目标
绩效评价	很少关注市场产出和价值创造	衡量团队的市场产出、价值创造与战略绩效
激励机制	低强度的内部激励，基于岗位的相对固定的薪酬	高强度的市场激励，根据团队的市场产出进行团队激励与价值分享
员工角色	员工作为雇员被动执行指令	自主管理者与人力资本所有者，激发员工的企业家精神，主动创业创新与创造价值
自主权	团队很少有自主权	团队具有高度的自主权，包括自主经营权、自主决策权、资源配置权、自主用人权、剩余控制权和剩余索取权

续表

项目	科层组织的传统团队	网络组织的自主经营团队
资源配置权	集权分配资源，团队对资源的控制权较少，很少关注资源产出	团队自主配置资源，资源投入计入团队的成本，团队对产出负责，提升资源效率
团队管理	员工关注行为的自我约束和过程的自我管理	团队自主承诺高绩效目标、主动创造价值、开发市场机会，实现自我激励、自我约束
协调合作	主要基于行政协调进行合作	围绕共同目标，成员跨边界自主协调合作
竞争机制	团队之间很少竞争	团队间相互对标、相互超越，达成高绩效

3.1.4 网络组织的运行平台

网络组织的结点高度自治，在提升组织效率的同时也带来新的挑战，即如何实现不同结点的自主协调与战略协同，提升组织的合力。这需要网络组织创新设计促进结点自主管理与有效协同的运行规则、机制、协议、文化、信息系统等，为结点提供共享的机会、资源和服务等，促进不同结点在网络组织的统一平台上有序运作，实现战略协同。

林润辉和李维安（2000）认为，“网络组织的构成硬件可理解为网络组织的结点及结点间的联系，软件为各结点内的运作机制与整个网络组织运作、管理与创新的机制，还包括共同遵守的网络组织协议。网络组织的协议包括有关网络组织结点进入、运行的规则，也包括组织文化等在内的无形约束内容”。

网络组织需要设计有效的规则、机制和程序来规范不同自主团队和成员之间的关系，实现团队和市场、组织的有效沟通，鼓励管理者灵活行动、共享信息、创造学习机会（Rowe et al.，2008）。

网络组织为各结点提供统一的运行规则、机制和程序，有效规范团队的行为和相互关系，既提升结点的效率，又实现整体的战略协同。网络组织能促进各结点的灵活联结与战略协作，为客户提供多样化、个性化的产品和服务，组织成员共同创造和分享价值。

李维安等（2014）研究认为，网络治理机制包括信任、学习、利益分配、协调、声誉、文化、激励机制等，可以概括为网络形成和维护机制、互动机制以及共享机制三类，其作用是维护和协调网络合作，通过结点间互动与共享，提高网络的整体绩效。

1. 网络组织的平台化

首先，网络组织构建利益相关方合作共赢的平台与生态圈网络，体现了开放与交互创新的观念。开放即从原来依靠企业自身资源发展的封闭体系变成开放整合外部资源实现价值最大化的生态圈，交互即从原来不同利益相关方相互竞争博弈的关系变成交互增值与竞合的关系。

其次，网络组织从传统的管控组织转变为员工的创业平台。网络组织给每个员工提供初始机会公平的创业平台，让员工在平台上创造价值和分享价值，实现自我价值。平台为企业和个人超越组织边界共同创造价值提供了基础，公司平台化能让所有企业和个人共生价值，也能共享价值（谢志华等，2020）。

同时，网络组织构建高效整合内外部资源的平台，支持组织目标的实现。团队是自主配置资源的主体，合作网络平台是驱动资源整合与优化资源配置、提升价值创造能力的框架。网络组织将不同企业、不同组织成员的分散封闭的资源进行整合，构建基于合作网络与产业生态圈的统一的研发平台、采购平台、营销平台、生产平台、服务平台等，实现资源优化整合与战略协同，提升价值网络的整体价值，实现价值共赢。

网络组织具有开放性，有利于促进企业内外部资源整合与信息共享。一方面，网络组织能从外部为各结点获取更大的资源和机会，比如技术、人才、客户等资源，为结点的创新和价值创造提供开放的资源支持，降低资源的获取成本。另一方面，网络组织结构能促进组织内部的资源整合，促进不同结点和成员的信息、知识与资源的共享，提升资源的利用效率，促进组织学习和创新。

2. 网络组织为结点提供创新的机制和支持

网络组织在组织内部引入市场机制，同时将组织内部的信任合作机制与自主协调机制用于企业生态圈等组织间网络结构，促进内外部成员相互合作，实现共同的目标。

网络组织通过绩效评价和激励机制等创新，构建激发员工自主管理、主动创新和创造价值的新型组织文化，根据团队的市场产出和价值贡献进行高效能的市场激励，高绩效的团队与成员将获得更多的资源、成长机会和薪酬激励，有利于驱动组织成员动态创新和提升绩效，提高组织的竞争能力。

社会关系网络被视为重要的非正式机制，有助于提高组织绩效。网络组织构建跨边界的社会关系网络与生态圈，促进组织成员跨边界协同与信任合作，提升组织绩效，促进利益相关者目标统一、资源共享、信任合作，共同创造与分享价值。

3.2 网络组织对传统管理控制系统的挑战

互联网时代的外部环境发生了深刻变化，网络组织结构对传统的管理控制系统提出了挑战，需要根据外部环境变化以及网络组织的结构特征构建一种新型管理控制系统，更好地实现组织的目标，实现管理控制系统与环境、战略、组织结构的动态匹配。

网络组织结构（如跨功能团队等）对管理控制系统产生了重

大影响，对传统的管理控制理论（如可控原则、正式控制等）提出了挑战（Berry et al.，2009）。网络组织需要对传统的管理控制目标、管理控制系统框架、管理控制机制等进行创新。

从战略的角度，传统的管理控制系统将战略视为既定前提，管理控制主要聚焦战略的执行。网络组织需要关注管理控制系统对促进战略更新与探索新机会的作用，根据环境变化动态更新战略，驱动员工广泛参与战略的交互、更新与执行过程，促进战略创新，快速抓住市场机会。

从组织的角度，组织结构是管理控制系统的关键变量（Simons，2013）。基于科层组织的传统管理控制系统建立在集权刚性的等级结构与正式控制基础上，管理控制效率与效果低下。网络组织具有自组织特征与分权柔性的结构，对管理控制系统的挑战是如何构建基于跨边界自主经营团队的预算管理、绩效评价和激励体系，如何对合作网络的不同企业之间有效应用管理会计，推动价值共创共享，提升价值网络的整体价值。

网络组织构建了更加分权有机的网络结构，需要从传统的基于纵向等级关系的管理控制转变为基于网络结构与水平关系的管理控制。许多公司取消了管理层级，形成更加扁平的组织，比如跨功能团队，从而需要大量的横向协调与控制（Ezzamel et al.，1995）。控制的环境发生变化，特别是组织从大型科层结构转变为更小而聚焦的单元，导致更加“水平”的控制结构（Otley et al.，1995）。网络组织需要关注跨边界团队的管理控制。同时，管理控制不再局限于单个企业，需要关注不同企业之间的合作网络的管理控制，促进企业与外部合作方之间信任合作与自主协调，共同创造价值。

从员工的角度，网络组织强调员工具有高度的自主权，激发员工的自主管理意识和企业家精神，让员工的创新力和创造力得到充分释放，让员工的成长和自我价值得到充分实现。传统的管理控制系统主要从管理者视角进行自上而下的命令和控制，将员工作为控制的对象和被动的执行者。网络组织的员工成为自主管理者，管理者的角色不再是控制和约束员工，而是为员工赋能和提供资源支持，更好地实现组织的目标。网络组织需要从员工的视角设计一种新型管理控制系统，驱动员工自主经营、主动创新和创造价值，实现员工的自我激励和自我约束。

网络组织的管理控制系统需要变革，包括及时传递市场变化的信息系统、促进员工制定合理目标的预算系统、保证员工与客户和企业利益一致的激励机制以及渗透力更强的文化和信任机制，这些都需对科层组织的管理控制系统进行变革（戴天婧等，2012）。

3.2.1 网络组织对传统的管理控制功能和角色的挑战

传统的管理控制系统强调对员工的约束与控制，导致约束过度而缺乏赋能、控制有余而创新不足，不利于组织探索开发新机会和创造价值，不能快速应对市场变化。随着外部环境变得更加复杂和不确定，管理控制系统的角色也发生了变化。

最初，管理控制系统采用单一（Singular）控制模型。该模型主要与科层组织匹配，强调管理控制的控制（Controlling）角色，其典型代表是泰勒的科学管理。单一控制模式忽略了管理控制的赋权（Enabling）与探索功能，不利于组织创新与变革。

其后，Burns 和 Stalker（1961）提出了组织与管理控制系统的二分（Binary）模型，其核心观点在于：当外部环境稳定时，组织应实行机械的管理控制与结构，组织形式固定且决策权集中在高层管理者手中；在高度不确定的环境下，企业应实行有机的管理控制与结构，组织具有柔性和适应力强的特点，通常很少采用固定的规则，同时淡化组织的等级界限，进行分权决策，如表 3 - 3 所示。

表 3－3　　不同环境下的管理控制结构与特征

机械结构	有机结构
适用于环境稳定的条件	适用于环境变化的条件
工作强调高度专业化与分工	工作需要相互联系与协作
任务和责任高度明确	任务根据面临的问题而变化和限定
控制、权力和信息的流动是分等级的	控制、权力和信息按网络结构安排
严格实施各种规章制度	存在少数规章制度，且常被忽略
权力高层通过对任务的了解和控制加强等级制度	了解和控制权集中在网络中做出决策的部门
信息沟通主要是向下、垂直的，包括规章、指令和决策	信息沟通主要是横向的，包括共享的信息和建议

资料来源：Burns T, Stalker G, 1961. The management of innovation [M]. London, UK: Tavistock。

然而，近年来研究者开始意识到，这种非此即彼的划分方法在快速变化、激烈竞争的环境中变得不合时宜（文东华、潘飞、陈世敏，2009）。现实中往往存在机械控制与有机控制的混合状态，需要将二者有机融合。

Sutcliffe 等（1999）提出用二元模型（Dual）取代二分模型，综合考虑管理控制系统与组织环境变量的匹配关系。在快速变化的环境中，有效的管理控制系统必须同时平衡不同的目标，既保持组织的可靠运行，又持续提高组织的自主适应能力、创新能力与价值创造能力。与之相对应，则要求管理控制系统必须同时具备控制功能和探索功能。基于新的组织结构，管理控制理论应平衡两方面的需求：一方面，保证可预测性、集中控制和协同；另一方面，需要更多的非正式水平关系以鼓励战略创新和变革（Rowe，2008）。

网络组织的知识员工比例上升，员工的自主管理意识和自我价值实现的需求提升，需要对员工充分赋权以激发员工的企业家精神，激励员工主动创新和创造价值，同时驱动员工基于组织目标进行自我管理。

面对不确定的环境，网络组织的管理控制系统需要促进组织自主适应环境变化、持续创新与创造价值、达成战略和目标，实现可靠运行。网络组织的管理控制系统需要平衡“控制”与“赋权”的双重功能，既提升员工的执行力与控制力，又提升员工的创造力与创新力，既提升员工个体的活力，又提升组织整体的合力，促进组织成员自主协调合作，实现共赢。因此，网络组织需要整合集成不同的管理控制系统，更好地实现组织的多元目标。

网络组织鼓励分权经营和员工自主管理，减少集权控制。然而，组织仍需适当的控制以确保合规与可靠运行，让员工的行为不偏离组织的战略和运营边界。组织需将决策、努力、激励等结合起来，平衡分权经营的成本和收益（卡普兰，2007）。

3.2.2 网络组织对传统管理控制机制的挑战

科层组织主要采用科层治理（Hierarchical Governance）与正式控制（Formal Control）。正式控制包括自上而下的命令、规则、行政控制、集权决策等，忽略了基于文化和价值观的非正式控制、小团体控制和员工的自我管理。传统的大型组织的管理方法之一是加强集中控制，通过上级下达指令、下级具体执行来实现控制，不同部门之间相互影响的活动由上级通过计划来协调（卡普兰，2007）。

网络组织授权团队等经营单元自主经营、自主决策，提升市场响应速度，快速满足客户需求，促进员工自我激励和自我约束，带来的挑战是如何构建驱动员工自主经营的新型管理控制机制，提升管理控制的效率和效果。

网络组织强调信任合作、自主协调、激发员工企业家精神的新型组织文化，对传统的正式控制提出挑战，需要提升基于组织文化和价值观的非正式控制的作用，促进组织成员主动创新和创造价值。

网络组织充分引入市场机制，鼓励组织成员关注市场目标、市场需求和市场产出，根据团队的市场绩效进行市场激励，强调市场的作用。同时，网络组织将企业内部的信任协同机制用于企业与外部合作方之间的生态圈网络，促进企业与供应商、合作方等进行跨边界协同合作。

因此，网络组织带来的挑战是如何有效整合市场机制、自主经营机制、跨边界协同机制，充分利用非正式控制机制，同时保持最低限度的正式控制，提升管理控制的效果，更好地达成组织的目标。

不同的组织形式与对应的主要管理控制机制如表 3-4 所示。

表 3-4　　不同的组织形式与对应的主要管理控制机制

组织形式	主要的管理控制机制
科层组织	科层控制、正式控制
市场	市场控制
网络组织	整合市场机制、自主经营机制、跨边界协同机制、更强调非正式控制、保持最低限度的正式控制

3.2.3　网络组织对传统责任会计的挑战

科层组织划分了不同的责任中心，对责任中心进行管理控制。安东尼（2004）认为，从某种意义来说，公司是责任中心的集合，这些责任中心构成一个层级组织。

网络组织对传统的责任会计带来挑战，需要关注如何让不同职能的管理者在共同的组织流程和项目上进行合作（Rowe et al.，2008）。传统的“可控”原则受到挑战，管理者需要跨边界参与非正式的社会控制（Frow et al.，2005）。

1. 网络组织对传统的可控原则的挑战

在过去数十年间，责任会计的核心在于可控（Controllability）原则，即管理者仅考核其所控制的部分（Antle and Demski，1988）。可控原则认为，对资源的控制权力应该与所承担的绩效责任相统一（Merchant，1985）。这导致责任中心很少关注不可控领域以及不属于单个责任中心范围的“公共责任”，带来了许多责任与控制的真空地带。

网络组织打破了职能与部门的边界，驱动组织成员跨边界自主协同合作，共享目标、资源和责任，共同创造与分享价值，这对传统的可控原则提出了挑战，需要推行基于跨边界组织的新型管理控制。

传统的责任中心通常分为收入中心、成本中心、费用中心、利润中心和投资中心，比如将销售部门作为收入中心，将生产部门作为成本中心，将支持部门划入费用中心。这种以职能和责任划分的责任中心强化了组织的职能边界，强调个体责任与分工，容易产生部门之间的相互博弈，降低了组织的协同性，责任中心之间存在坚固的边界和利益壁垒。传统的责任中心往往只关心各自的目标和绩效，忽略了公司的整体目标和全价值链的绩效产出，缺乏不同职能与部门之间的自主协同合作。同时，传统的成本中心、费用中心往往关注成本控制，忽略了协同业务部门共同在市场上满足用户需求与创造价值。

网络组织对传统责任中心的挑战是如何构建基于跨边界团队以及企业间合作网络的管理控制，促进组织内外部成员跨边界协同，共同提升全流程的价值创造，共享目标、责任与价值，更好地满足用户需求，实现利益相关者价值最大化。

2. 网络组织对传统的责任中心管理控制的挑战

首先，传统的责任中心对某个环节的过程指标进行管理与考核，缺乏对全价值链的绩效结果负责。比如，收入中心主要关注销售收入，成本中心主要关注成本控制，导致价值链的“碎片化”，不利于组织成员跨边界协同合作。这种业绩评价体系很可能导致 1 +1 <2，难以实现公司整体绩效最大化，导致单个责任中心的虚假繁荣，不利于企业整体价值的提升。

其次，传统的责任中心容易导致投入与产出脱节。比如，传统的收入中心容易只强调销售收入，不关注市场投入的有效性，导致虽然销售收入目标实现了，但盈利能力下降。传统的成本中心和费用中心往往只关注成本费用是否控制在预算和标准内，而不太关注费用投入的合理性和产出效果，不关注资源的利用效率和价值创造。传统的责任中心容易导致权责利的脱节，很难明确全流程价值的具体主人。这容易带来管理的真空地带，组织整体的目标与绩效缺乏组织成员的共同承诺。

同时，传统的责任中心过于强调个体责任与可控原则，容易造成责任中心之间的零和博弈。不同责任中心为了实现各自的绩效指标，往往会忽略不可控和不考核的指标，从而损害其他责任中心与组织整体的利益。正如卡普兰（2007）提出的，如果收入中心只考核收入，管理人员就会降低价格以增加总销量、耗费巨大的广告宣传费用以及推销微利产品，这些行为可能增加了收入，但却降低了公司整体的盈利能力。同时，企业对费用中心进行投入控制而不是结果控制（Merchant，1985），导致费用中心不关心是否创造了价值。管理控制的核心目标是激发员工主动采取有利于组织的行动，促进组织持续创造价值。

3.2.4　网络组织对传统预算管理体系的挑战

传统的预算管理体系建立在稳定的环境和对未来准确预测的假设基础上，企业根据固定的预算目标进行绩效评价，根据静态的经营计划进行控制。然而，互联网时代的环境变得更加不确定，市场环境快速变化，企业难以对未来进行准确的预测，需要动态调整经营计划和资源配置，对传统的预算管理体系带来挑战。

传统的预算管理体系强调自上而下的刚性目标、静态计划、集权决策与集中资源配置，容易导致上下级博弈和短期导向，导致决策缓慢与资源配置效率低下，企业不能根据市场变化快速调整经营计划和资源策略。

1. 传统预算管理体系的不足

预算管理在组织得到广泛应用，但仍然存在很多不足。实务界人士抱怨预算影响了组织资源的最佳配置，助长了决策短视和功能失调的预算游戏，这些问题部分源于传统预算在年度计划和绩效评价过程中的财务导向、自上而下的命令与控制体系（Hope and Fraser，2003）。

Neely 等（2001）认为，传统预算存在很多不足，包括：预算编制耗时、制约企业的响应能力和变革、缺乏战略聚焦且经常矛盾、预算的价值相比预算编制的时间而言过低、关注成本降低而非价值创造、强化纵向的命令和控制、预算对正在采用的网络组织结构缺乏体现、助长了博弈和不正当行为、预算调整和更新过于缓慢、预算建立在缺乏支持的假设和猜测基础上，预算增强了部门边界、限制了知识共享，让员工感觉自身价值被低估。

（1）传统的预算目标设定存在的问题。传统的科层组织设定固定的预算目标，以此为基础进行绩效评价和激励。然而，这种固定目标的问题在于其无法预测外部因素的变化，也无法让组织建立快速响应环境变化的能力，最重要的是它未培训员工如何实现目标（Hope and Fraser，2001）。

首先，传统的预算目标缺乏激励效果。传统的固定目标无法激励员工挑战有竞争力的高目标。当业绩目标完成了，经理人缺乏动机超越目标，相反，如果目标未完成，经理人可能操纵业绩和采取短期行为，影响组织创新（Hansen et al.，2003）。

其次，传统的目标设定过程一般是由总部和上级设定目标后层层分解，下级讨价还价，最后妥协确定目标，容易导致信息不对称与相互博弈。传统的目标往往是基于组织权威自上而下设定，缺乏市场对标与有效的激励约束机制。同时，不同部门的目标往往缺乏协同，导致个体目标与组织目标不统一，员工对目标缺乏承诺和责任。

最后，传统的预算目标缺乏柔性，束缚了组织的自主适应能力和动态变革能力。传统的目标往往是刚性的，形成一种固定的绩效契约，不能快速适应环境变化。同时，传统的目标设定主要考虑股东价值，忽略了员工、客户等利益相关者的价值。

（2）传统的预算管理容易导致预算松弛（Budget Slack）和棘轮效应（Ratchet Effects）的问题。预算松弛是指制定预算时，成员有意低估收入或产出能力、高估所需的成本或资源（Dunk and Nouri，1998）。预算松弛产生的原因主要包括预算技术手段以及员工的精神与心理两个方面（许云，2006）。研究发现，信息不对称、采取基于固定目标的业绩评价方式可能导致预算松弛。同时，激励不相容的机制设计也是预算松弛的原因。

传统企业的年度目标往往在上年实际业绩的基础上不断提升，这种现象被称为“棘轮效应”。经理人为了防止目标被不断提高，往往有意控制实际业绩，不愿意完成很高的绩效，即便其完全有能力做到。产生棘轮效应的根源之一在于委托代理理论，代理人不能有效获得收益增长的好处，委托人与代理人无法达成长期一致的激励合同。

传统的预算目标常常作为考核的标准，成为一种压力而非动力，压抑了组织的创新。同时，传统预算管理实践中存在严重的目标置换现象，预算指标本来是作为实现企业目标的手段，却成为部门和员工的终极目标（李志斌，2006）。

（3）传统预算在资源配置方面的不足。传统的科层组织往往对资源进行集中控制，通过总部自上而下分配资源，不利于提升资源的效率和效果。一方面，导致资源流向已有的产品和业务，而非新的产品创意，另一方面，资源侧重支持现有的利益而非新的机会，同时，资源流向各个部门而非战略项目（Hope and Fraser, 2001）。

传统的资源预算往往是事前确定的静态预算，难以动态适应外部环境变化和满足市场需求。传统的资源配置主要聚焦内部现有资源的利用（Exploitation），缺乏对外部新资源的开拓（Exploration）。传统的组织往往基于职能配置资源，而非基于市场机会、市场需求和产出目标配置资源，责任中心对资源投入缺乏明确的价值产出目标和责任，导致不同部门争抢资源，资源利用效率低下。同时，传统的增量预算机制容易导致各部门“多花预算以争取更多下年预算”的错误行为。

2. 网络组织对传统预算管理体系的挑战

网络组织面对复杂和不确定的环境，需要根据市场变化动态优化目标、经营计划与资源配置，带来的挑战是如何构建一个新型预算管理体系，优化网络组织的预算功能、目标设定机制与资源配置机制等。网络组织需要鼓励员工主动参与预算管理，激励团队自主挑战与承诺高绩效目标，促进团队根据市场需求自主优化资源配置，根据市场变化动态优化经营计划，达成组织的目标。

（1）如何有效发挥预算的功能。预算的功能主要包括控制与决策两个方面。传统的预算管理主要强调预算的控制功能，包括自上而下分解目标和分配资源、将预算作为控制的基础和绩效评估的标准，忽略了预算对促进组织动态适应环境变化、沟通协调与学习变革的决策功能。科层制框架下的预算角色倾向于计划、控制和业绩评价等刚性角色，而新型组织框架下的预算角色倾向于预测、协调和沟通等柔性角色（李志斌，2006）。网络组织作为一种有机的组织形式，带来的挑战是如何强化预算的决策功能，通过预算促进组织自主沟通协调、柔性配置资源、滚动预测、动态适应环境变化和创新变革等。

（2）如何驱动员工主动承诺高绩效目标。网络组织需要对传统的目标设定机制进行创新，激发团队等经营单元自主承诺与挑战高绩效目标，促进组织成员的目标统一。同时，网络组织需要动态适应市场变化，构建基于市场对标的相对目标和相对绩效契约，有效发挥目标的激励作用。从利益相关者的角度，网络组织涉及更广泛的利益主体，需兼顾不同利益相关者的目标，实现利益相关者价值最大化。

（3）如何促进团队自主进行预算管理。网络组织以跨边界自主经营团队为组织单元，带来的挑战是如何构建基于自主经营团队的预算管理体系，促进团队自主设定高绩效目标，根据市场变化自主优化经营计划，根据市场机会自主配置资源，自主沟通协调，提升团队绩效和价值创造。

3.2.5　网络组织对传统绩效评价体系的挑战

1. 传统绩效评价体系的不足

传统的绩效评价指标、绩效评价方法、绩效评价机制等存在不足，主要包括以下方面。

（1）以财务绩效和结果绩效评价为主。单纯依赖财务指标不足以保证战略的成功实施。财务绩效评价指标存在很多不足，包括：过去导向、对未来绩效缺乏预测能力、导致短期导向和不当行为、对问题的根源提供的信息过少、对智力资本等无形资产难以衡量等（Fisher，1995）。传统的绩效评价通常关注结果绩效。结果绩效的优点是让组织成员清楚了解组织对他们的预期，让被管理者接受绩效衡量标准。然而，只关注结果绩效也有弊端：一是导致员工只关注被考核的指标，忽视那些不考核的指标；二是导致员工只关注绩效的结果，忽视绩效的过程、动因与持续改进，结果考核能显示组织在向目标努力过程中取得的进展，但无法反映这种进展和结果是如何实现的，更重要的是未说明如何才能改进结果（Meyer，

1994)；三是在外部环境快速变化的情况下，需要员工自主适应与动态调整。

（2）绩效评价标准单一。传统的责任中心往往只对单一的绩效指标进行管理，不太关心全流程的价值，未充分整合财务绩效与非财务绩效、战略绩效与运营绩效。单一的绩效评价标准不可能实现分权单元和企业总目标之间的协调一致，原因有以下方面：首先，试图用单一绩效指标会导致部门以自我为中心；其次，大部分绩效评价标准以内部业绩而非外部机会为基础；最后，单一评价标准未考虑当前活动对未来经营带来的影响，管理者很可能忽略长期的投入（卡普兰，2007）。

（3）事后评价。传统的绩效评价重考核、轻管理，停留在事后评价（Chenhall and Langfield - smith，2007），缺乏对绩效实现过程的支持与绩效持续改进，不能有效激励员工主动达成高绩效。传统的绩效评价通常在期间结束后反馈，信息滞后，不利于动态促进绩效改善。传统的绩效评价主要关注绩效结果（是什么），但缺乏对绩效差异原因（为什么）和绩效改进措施（做什么）的分析和建议。传统绩效差异分析最突出的局限在于它没有说明差异的原因及应采取什么行动（安东尼，2004）。

（4）缺乏对团队的绩效评价。长久以来，绩效评价主要关注组织的整体绩效（Aggregate Measure），诸如投资报酬率以及经济附加值（EVA）等，这些衡量指标关注组织的整体运营效果（Chenhall and Langfield - smith，2007）。如果不对团队绩效进行衡量和评价，就难以区分哪些团队为组织创造了价值、创造了多少价值以及应如何分享价值，员工不清楚自己的行为对价值创造和薪酬激励的影响，不利于驱动员工主动提升绩效。

（5）基于内部转移定价衡量业绩的不足。转移价格是分权经营组织最易引起争论的业务活动（卡普兰，2007）。内部转移价格的问题主要在于几个方面。首先，它关注部门绩效而非全流程绩效，导致各部门优先考虑个体利益，忽略组织的整体利益。其次，由于内部转移价格相对主观，难以实现合理与公平，容易导致部门间的利益冲突和博弈，不利于实现全流程的目标统一与自主协同。最后，这种绩效往往是封闭导向的内部绩效，而不是企业的市场产出和全价值链绩效。转移价格让组织成员过多关注如何在内部“分蛋糕”，而忽略了如何在外部市场“做大蛋糕”，导致相互竞争而非相互合作。

（6）忽略顾客资本、人力资本等无形资产的价值。传统的绩效评价系统主要关注有形资产的价值，而忽略了无形资产（如顾客资本、人力资本等）的价值，可能影响组织的长远竞争能力和价值。传统的绩效评价往往由上级评价或同事评价，缺乏市场对标，评价的公平性与合理性有待提升。

2. 网络组织对传统绩效评价体系的挑战

网络组织对传统的绩效评价体系提出了挑战，需要基于网络组织的特征构建新型绩效评价体系，促进组织目标达成。

（1）如何促进利益相关者价值最大化的绩效目标实现。网络组织对传统的以股东价值最大化为导向的绩效评价体系提出了挑战，需要关注客户、员工、股东、合作方等不同利益相关者的目标，促进利益相关者价值最大化。网络组织需要衡量不同利益相关者的价值贡献与价值分享，促进价值共赢。

（2）如何构建基于跨边界团队的绩效评价体系。网络组织需要关注如何构建基于团队的绩效评价体系，有效衡量团队绩效和价值创造，激励团队主动承诺绩效目标、主动创新实现高绩效，实现团队绩效评价和团队预算管理、团队激励的闭环整合。

（3）如何构建整合的绩效评价指标体系。网络组织需要关注如何有效整合财务绩效与非财务绩效、战略绩效与运营绩效、短期绩效与长期绩效、过程指标与结果指标等，设计更全面整合的绩效评价体系，减少绩效评价的扭曲效应，促进组织绩效提升。

（4）如何驱动绩效持续改善。网络组织应关注如何构建动态的绩效评价体系，激励团队持续提升绩效，促进组织内外部成员跨边界协作，持续创新，动态抓住市场机会，快速满足客户个性化需求，持续创造价值。

3.2.6 网络组织对传统激励体系的挑战

传统科层组织的激励体系主要基于委托代理理论，由于委托代理双方的目标分歧和信息不对称，增加了组织的代理成本，降低了激励效果。科层组织由上级事前设定固定的目标和执行步骤，员工被动执行，激励作用很低（Alstyne，1997）。传统的激励体系忽略组织成员的价值分享，不利于激发员工的积极性和主动性。

网络组织带来的挑战是如何构建价值共创共享的新型激励体系，对激励机制、激励契约、激励方法等进行创新，有效整合团队激励、市场激励和员工的自我激励，让组织成员主动参与价值创造与价值分享，提升激励的公平性与有效性。网络组织需要关注如何提升员工的企业家精神，驱动员工自主经营、主动创新和创造价值，促进员工成长与自我价值实现，提升激励效果。

第 4 章
基于网络组织的新型管理控制系统框架

组织应视为由具有自主精神、相互依赖的人组成的复杂社会网络，而不是由独立部门组成的机器（Hope and Fraser, 2001）。组织应抛弃传统的集权控制，包括固定的绩效契约、基于命令和控制的管理、服从的文化、集中的资源配置、科层组织架构以及封闭的信息系统（Hope and Fraser，2003）。为了柔性响应客户需求，需要有机的管理控制系统以实现价值链的相互协同（Chenhall and Langfield - smith, 2007）。

管理控制系统需要根据环境和组织结构的变化进行创新，以更好地支持组织目标实现。为此，需要根据互联网时代环境与网络组织结构的特征，构建基于网络组织的新型管理控制系统，对网络组织的管理控制目标、管理控制系统、管理控制机制、管理控制角色、管理控制工具等进行整合创新。

网络组织的新型管理控制系统与传统科层组织的管理控制系统有很大区别，实现从机械控制向有机控制、从单一控制向整合控制、从上级控制向自主管理、从封闭控制向开放创新、从监督控制向信任合作、从合规控制向价值创造的转变。

网络组织通过创新构建以人为本、自主管理、柔性有机、开放整合的管理控制系统，驱动组织成员主动采取有利于组织的行为，促进利益相关者自主协同合作，共享目标、资源和价值，共同提升组织绩效和竞争力。

4.1 网络组织的新型管理控制目标

Tessier 和 Otley（2012）认为，控制的目标包括绩效管理与合规管理，绩效管理主要关注目标实现与价值创造，合规管理主要关注规则遵循与价值保护。Simons（1995）强调管理控制应实现控制、价值创造与创新的平衡，对管理者的挑战是在组织内如何实施适当的控制，同时保持组织的灵活性、创新性和创造力。组织应实现控制与协同的平衡，鼓励战略创新和变革（Rowe，2008）。从广义角度，管理控制系统用来帮助组织适应外部环境以及实现利益相关者的关键目标，同时保证组织受控与可靠运行（Merchant and Otley，2007）。组织应平衡合规与绩效，同时平衡责任与价值创造（CIMA and IFAC，2004）。在高度变化的环境下，管理控制系统应帮助组织实现两个目标，一方面确保组织运行的可靠性，另一方面提高组织的创新与学习能力（Sutcliffe et al.，1999）。

网络组织的管理控制目标更加丰富多元，包括促进组织实现价值创造、创新变革、自主适应外部环境变化、合规运行等不同维度的目标，提升企业的动态能力与竞争优势，达成组织的战略目标。

1. 促进价值创造，实现利益相关者价值最大化

网络组织的管理控制系统应有利于驱动组织成员和利益相关者共同创造价值，激发员工主动承诺与达成高绩效目标，基于市场机会与产出目标优化资源配置，基于团队绩效和价值贡献进行团队激励，员工根据价值贡献进行价值分享，提升组织绩效和价值创造能力，持续提升客户价值、企业价值、员工价值与合作方价值，实现利益相关者价值最大化。

2. 驱动组织创新变革，自主适应外部环境变化

面对更加不确定的环境，网络组织的管理控制系统应有利于促进组织自主适应外部环境变化，快速响应和满足市场需求，促进战略更新、组织变革、产品和服务创新，动态抓住市场机会，提升组织的自主适应能力、快速响应能力、创新变革能力、学习能力与市场竞争力。

3. 统一组织成员目标，实现战略协同

网络组织的管理控制系统应有利于统一组织成员的目标，构建新型组织文化与价值观，促进组织成员共同关注市场和用户需求，自主协调合作、相互信任、相互承诺，共享目标和资源，共同创造价值与分享价值，达成战略共识，实现战略协同。

4. 促进组织受控与可靠运行

网络组织的管理控制系统应促进组织合规与可靠运行，规避战略风险和运营风险。网络组织通过分权机制鼓励员工自主控制、自我约束，促进组织成员之间相互监督，主动采取有利于组织的行为。

4.2　网络组织的新型管理控制系统集成框架

管理控制系统应作为集成体系加以研究（Malmia and Brown, 2008），这是因为管理控制系统不是孤立运行的。单个的管理控制实践都置于一个更广泛的管理控制系统，一个整合的管理控制系统应关注多元化利益相关者，衡量效率、效果和公平，关注财务与非财务产出，提供战略与运营之间的纵向联系以及跨价值链的横向联系，同时反映有关组织如何响应外部环境及其适应能力的信息（Chenhall, 2003）。

本书融合借鉴不同学者的管理控制框架，根据互联网时代环境和网络组织的结构特征对管理控制系统进行创新，将环境、战略、

组织结构、组织文化等与管理控制系统有机融合，对网络组织的新型管理控制目标、新型管理控制系统集成、新型管理控制机制与新型管理控制角色等进行整合创新，构建基于网络组织的新型管理控制系统框架，共同实现组织的目标。

1. 网络组织的新型管理控制目标

网络组织的管理控制目标更加全面与平衡，包括促进组织价值创造、创新变革、自主适应外部环境变化、合规运行等，实现控制与创新、合规与价值创造的统一，更好地实现组织的目标。

2. 网络组织的新型管理控制系统集成

本书创新构建基于网络组织的新型管理控制系统集成体系，包括一个核心系统和四大支持系统，共同促进组织目标达成。一个核心系统是“基于价值创造的新型绩效管理系统”，包括新型预算管理体系、新型绩效评价体系和新型激励体系。四大支持系统包括新型网络组织结构（自主适应系统）、新型战略（交互创新系统）、新型组织文化（价值观自驱动系统）、新型运行规则（边界控制系统）。本书将网络组织的新型管理控制系统与新型战略、新型组织结构、新型组织文化等有机融合，实现协同创新与相互作用，共同促进组织实现多元的管理控制目标。

新型绩效管理系统是网络组织管理控制系统的核心，包括新型预算管理、新型绩效评价和新型激励体系，其主要作用是促进价值创造，达成组织的绩效目标。网络组织的新型绩效管理系统以价值网络和利益相关者价值最大化为目标，以价值共创共享为机制，激励团队等自主经营单元主动挑战与达成高绩效目标、自主经营、自主决策、自主优化资源配置、自我激励，主动创新和创造价值，实现顾客、员工、企业、供应商、合作方等利益相关者价值共创、共享、共赢，提升组织的价值创造能力。

网络组织管理控制系统的四大支持系统主要包括以下方面。

一是新型网络组织结构（自主适应系统），促进组织自主适应外部环境变化。网络组织结构主要包括跨边界自主团队等组织内部网络结构，以及企业与外部合作方之间的组织间网络结构。网络组织结构有利于提升组织的自主适应能力与快速响应能力，促进组织成员自主经营、自主协调合作，快速响应和满足市场需求，提升组织的效率、自主适应能力与创新变革能力。网络组织结构具有自组织与生态系统特征，促进组织自驱动、自运转、自适应、自创新。

二是网络组织的新型战略（交互创新系统），促进动态交互、战略更新、开放创新。网络组织鼓励管理层、员工等组织成员充分参与战略决策、战略制定与战略执行，达成战略共识，驱动组织成员动态沟通市场变化与新的市场机会，动态评估现有战略的有效性，根据环境变化动态开发新的战略，促进战略有效执行，快速感知市场变化、主动探索和快速抓住新的市场机会。网络组织成员之间开放共享内外部资源，促进开放创新，提升动态能力和市场竞争力。同时，网络组织的不同结点持续探索和开发新机会，促进组织创新和变革。

三是网络组织的新型组织文化（价值观自驱动系统），促进组织成员目标和价值观的统一，促进员工主动采取有利于组织的行为，主动创新和创造价值。网络组织的新型组织文化主要包括六大方面：以市场为导向、为顾客创造价值的市场文化；团队等组织单元的自主经营文化；员工主动创业创新与创造价值的企业家文化；员工主动挑战与达成高绩效目标的绩效文化；组织内外部成员共创价值与共享价值的激励文化；利益相关者同一目标、信任合作、价值共赢的生态圈文化。新型组织文化有利于统一员工的目标，激发员工创业创新的企业家精神，驱动员工主动采取有利于组织的行为，促进组织成员信任合作、自主协同，共享目标、资源和价值，实现共赢。

四是网络组织的新型运行规则（边界控制系统），促进组织合规与可靠运行。边界控制系统主要包括战略边界与运营边界，其主要功能是让组织成员清楚哪些行为在战略层面与运营层面是不允许的，驱动员工自主约束、自我控制、相互监督，主动规避不利于组织的行为，避免战略风险与运营风险。网络组织根据环境变化动态更新战略，鼓励员工充分参与战略过程，有利于减少战略风险。网络组织为各结点搭建了统一的运行机制、流程、系统和规则，强调共享与共同认同的组织规则、团队规则、网络规则，不同结点和组织成员在网络组织的平台上根据统一的机制、规则有序运行，有利于减少运营风险。同时，网络组织鼓励组织成员之间的自主协调、相互监督与信任合作，提升市场的约束和激励作用，减少信息不对称，促进组织合规运行。

3. 网络组织的新型管理控制机制整合

网络组织的新型管理控制机制包括市场机制、自主经营机制、跨边界协同机制、非正式控制等，同时保持最低限度的正式控制，实现对不同管理控制机制的整合应用，提升管理控制的效率和效果。

第一，网络组织充分应用市场机制，通过市场驱动组织运行，实现市场化运转。员工直接面对市场和客户，强调市场导向、市场目标、市场绩效与市场激励，驱动组织成员主动关注市场变化、市场机会与市场需求，主动创新产品和服务，快速响应和满足客户需求，为客户创造价值，基于市场产出进行绩效评价与激励，提升市场竞争力。

第二，网络组织创新构建自主经营机制，员工具有高度的自主经营权、剩余控制权与剩余索取权，鼓励团队等组织单元自主经营、自主决策、自主配置资源、自我激励和自我约束，实现自运转。自主经营团队对所负责的经营单元（如某个产品、区域、渠道、客户等）的利润、市场产出、客户满意度、市场竞争力等全流程绩效负责，驱动团队主动创新与创造价值，根据团队绩效和价值贡献进行团队激励和价值分享。

第三，网络组织创新运用跨边界协同机制，强调组织内外部成员跨边界自主协调、信任合作与相互监督，共享目标和资源，共同创造和分享价值，实现网络化运转。一方面，促进跨边界团队等组织内部网络结构的成员自主协同合作。另一方面，将企业内部的信任协同机制用于企业与外部合作方构建的生态圈网络结构，促进企业与合作方等利益相关者之间相互信任、协同合作，实现价值共赢。

第四，网络组织充分应用非正式控制机制，强调通过组织文化、价值观、群体规范、社会关系等驱动组织成员主动采取有利于组织的行为。网络组织的非正式控制机制有利于降低管理成本，提升管理效率和效果，促进员工主动创新和创造价值，实现目标统一，达成组织的战略目标。

第五，网络组织仍保留少量适当的正式控制，规避组织的战略风险和运营风险。网络组织通过整合创新不同的管理控制机制，有利于更好地实现组织的目标。

4. 网络组织的新型管理控制角色

网络组织更强调管理控制系统对员工的“赋能”，弱化对员工的“约束”。网络组织对自主经营团队等经营单元高度分权，充分激发员工的自主管理意识和企业家精神，鼓励员工主动探索新的市场机会，开放整合与创造新资源，促进员工自主经营、自主决策、主动创新与创造价值，提升组织绩效与竞争力。

5. 网络组织的管理控制工具整合

网络组织根据内外部环境与实际管理需要，对不同的管理控制工具进行个性化选择与整合应用，如作业预算（ABB）、平衡计分卡（BSC）、战略地图、经济增加值（EVA）等，促进价值创造与战略达成，共同实现组织的目标。

网络组织通过集成整合不同的管理控制系统，对网络组织的新型管理控制目标、新型管理控制机制、新型管理控制角色等进行整合创新，构建基于网络组织的新型管理控制系统框架，如图 4－1

所示。网络组织的新型管理控制系统与新型组织结构、新型战略、新型组织文化等实现有机融合、共同运行、相互促进，更好地促进组织目标的达成。

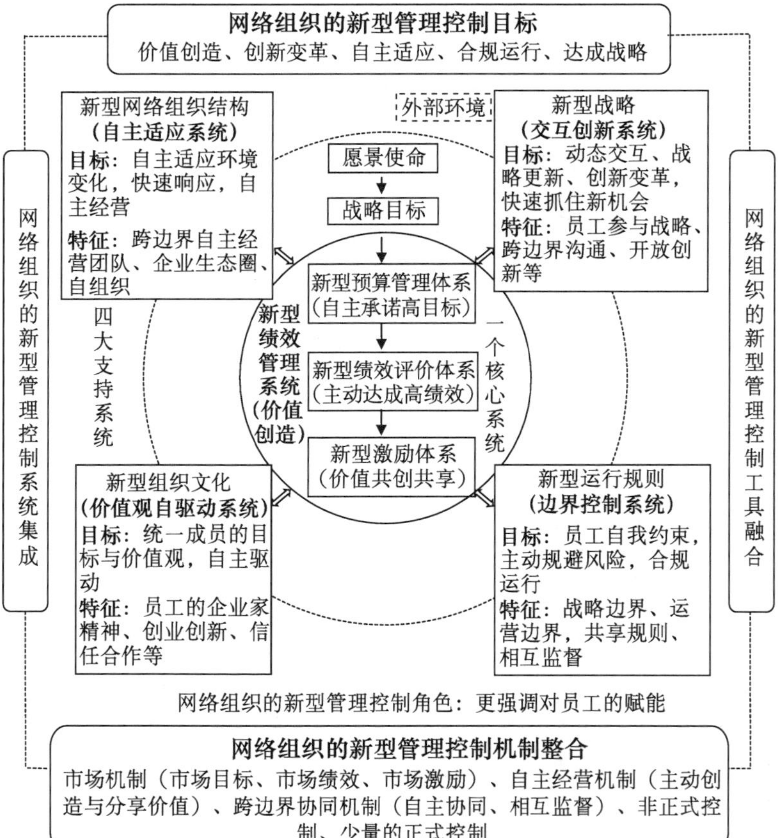

图 4－1　基于网络组织的新型管理控制系统框架

4.2.1　网络组织基于价值创造的新型绩效管理系统

网络组织的新型绩效管理系统是管理控制系统的核心模块，主要包括新型预算管理体系、新型业绩评价体系和新型激励体系，其目标是促进价值创造，提升组织绩效。网络组织的新型绩效管理系统以价值网络和利益相关者价值最大化为目标，以价值共创共享为机制，激励团队等自主经营单元主动挑战与达成高绩效目标、自主经营、自主决策、自主优化资源配置、自我激励，主动创新和创造价值，实现顾客、员工、企业、供应商、合作方等利益相关者价值共创、共享、共赢。

网络组织的新型预算管理体系、新型绩效评价体系和新型激励体系在机制设计和运行机理方面进行了创新，主要表现在以下方面。

1. 预算目标设定方法创新

网络组织基于市场对标设定相对绩效目标，激励团队等自主经营单元主动承诺高绩效目标，鼓励团队自主决策、主动创新达成目标。网络组织的合作共赢文化与价值共享机制有利于促进员工对组织目标的认同，实现员工目标与组织目标的内在统一。

2. 基于全流程价值创造的绩效评价与激励

网络组织强调团队对利润、市场产出、价值创造和客户满意度等全流程的绩效指标负责，根据团队绩效和价值贡献进行团队激励和价值分享。网络组织强调将战略绩效和运营绩效、财务绩效与非财务绩效进行整合，将目标、绩效评价、激励等与战略和价值创造紧密联系，提升组织的绩效与竞争力。

3. 驱动组织成员广泛参与预算管理、绩效评价和激励过程

网络组织的分权结构、自主经营机制有利于驱动员工主动参与预算、绩效评价和激励体系的设计和运行过程，将组织的整体目标转变为团队的具体目标，将组织的战略转变成员工的自觉行动，驱动团队持续提升绩效和创造价值，员工在为客户和组织创造价值的同时实现自我价值，实现激励相容与价值共赢。

4. 基于自主经营团队的预算管理、绩效评价与激励体系

网络组织强调团队预算管理、团队绩效评价和团队激励，促进

团队主动提升市场产出和创造价值。网络组织对团队充分赋能，团队在更大程度上分享剩余控制权和收益分享权，驱动团队自主承诺高绩效目标、自主决策、自主配置资源，持续提升绩效。

5. 市场导向的预算管理、绩效评价和激励

网络组织充分引入市场机制，鼓励团队快速满足市场需求和为客户创造价值。自主经营团队基于市场对标主动设定有竞争力的市场目标，基于市场机会和市场需求优化资源配置，根据市场变化动态调整计划，快速满足市场需求。网络组织根据团队的市场产出衡量团队绩效，基于团队的市场绩效进行高效能的市场激励。网络组织在内部采用竞争机制，对不同团队的绩效进行对标排序，高绩效的团队将优先获得更多的激励、资源和成长机会，鼓励团队主动挑战和达成高绩效，促进组织绩效提升。

网络组织的新型预算管理体系、新型绩效评价体系和新型激励体系有机整合，与网络组织的新型战略、新型组织结构、新型组织文化之间有机关联，共同促进价值创造与绩效提升，更好地达成组织的战略和目标。

4.2.2 网络组织的新型组织结构（自主适应系统）

网络组织构建了柔性、分权的自组织结构，以自主经营团队作为组织的基本经营单元和价值单元，快速响应和满足用户需求。自主经营团队自主经营、自主决策，根据外部环境变化动态创新，促进组织自运转。同时，企业与外部合作方之间构建合作共赢的生态圈网络，促进组织自主适应外部环境变化，动态开发新的市场机会，提升组织的竞争能力。

网络组织根据环境、战略的变化动态优化组织结构。网络组织以开放共享的整合平台为组织成员提供资源和机制支持，构建成员之间基于共同目标相互合作的动态网络结构，实现研发、营销、生产、采购等全价值链整合，共同围绕用户需求同步合作，快速响应

用户需求，提升组织的效率。

网络组织构建网络化的信息系统来促进组织成员高效获取与即时沟通信息，充分利用大数据、移动互联网、云计算、物联网等新技术，促进组织结点即时交互、前瞻分析、精准决策、智慧管理，促进组织学习与创新变革。

网络组织利用网络信息平台，实现组织成员与用户的零距离沟通，促进团队自主决策，提升了组织对市场和用户需求的快速响应能力。一方面，网络化的信息系统有利于组织成员快速了解市场变化和用户个性化需求，即时感知用户对产品和服务的满意度，促进组织成员之间的即时沟通与合作，快速满足客户需求。另一方面，互联网让信息获取、分析和沟通变得更加高效，提升前馈和决策支持作用，为团队提供即时的信息支持，支持团队自主经营。网络化的信息系统重构了沟通路线，减少了信息不对称与信息滞后，有利于提升组织的决策效率和市场响应能力。

4.2.3　网络组织的新型战略（交互创新系统）

网络组织结构有利于动态感知市场变化和市场机会，促进动态交互、战略更新、开放创新。网络组织鼓励管理层与员工等组织成员动态沟通市场变化与新的市场机会，动态评估现有战略的有效性，根据环境变化动态开发新的战略，促进战略有效执行，快速感知市场变化、主动探索和快速抓住新的市场机会。网络组织成员之间开放共享与整合内外部资源，促进开放创新，提升组织的动态能力和竞争优势。

Simons（1995）认为，交互控制系统主要用来管理战略不确定性和战略有效性，驱动组织根据环境变化动态开发和更新更有效的战略，促进组织成员实时交互与学习创新，让组织动态感知和管理环境变化下的机会和风险，提升市场响应和竞争能力。

网络组织鼓励员工充分参与战略与创新。一方面，网络组织鼓励组织成员主动参与战略决策、战略制定、战略更新与战略执行过程，员工、管理者和其他利益相关者围绕市场机会和战略动态交互沟通，有利于提升组织成员的战略共识，将组织的战略转化为员工的日常行动。另一方面，网络组织的交互创新系统是多元而非单向的，鼓励团队自主进行战略决策和创新，组织的不同结点快速抓住新的市场机会，快速响应市场变化和需求，提升市场竞争能力，有利于促进组织创新和变革。

4.2.4 网络组织的新型组织文化（价值观自驱动系统）

网络组织构建新型组织文化与价值观，与传统科层组织基于命令和控制的文化有显著不同。网络组织的新型文化和价值观主要包括六大方面：一是以市场为导向、为顾客创造价值的市场文化；二是团队等组织单元自主经营、自我激励和自我约束的自主经营文化；三是员工主动创业创新与创造价值的企业家文化；四是员工主动挑战与达成高绩效目标的绩效文化；五是组织内外部成员共创价值与共享价值的激励文化；六是利益相关者同一目标、自主协调、信任合作、价值共赢的生态圈文化。

网络组织的新型文化和价值观有利于激发员工的企业家精神和所有者意识，促进组织成员信任合作，实现不同利益相关者的目标统一，驱动组织成员主动采取有利于组织的行为，自主协调合作，共同创造和分享价值，实现组织的目标。

1. 促进组织成员目标的统一

网络组织构建新型组织文化，搭建利益相关者价值共创、共享、共赢的机制，有利于促进员工对组织目标的自我认同，实现员工行为与组织价值观的内在统一。同时，网络组织鼓励组织成员主动参与组织文化的构建与更新，将组织文化和价值观内化为员工的自觉行为，驱动员工主动采取有利于组织的行为，共同达成组织的目标。

2. 激发员工的企业家精神

Stevenson 和 Jarillo（1990）提出，企业家精神（Entrepreneurship）是个体在不考虑现在所控制资源的情况下寻求机会的过程，这些个体可以是独立的个人，也可以是组织内部的员工，企业家精神包括对机会的洞察、获取机会的愿望以及成功开拓机会的信念。企业家精神主要体现了创业和创新。

公司内部的企业家精神（Corporate Entrepreneurship）关注在已成立的公司内部的创业精神，主要与组织和市场的开拓创新有关。公司内部的企业家精神体现的是整个公司的员工都如同企业家一样行动（Stevenson and Jarillo，1990）。

Burgelman（1983）提出“公司内部的创业者”（Corporate Entrepreneurs）的概念，形容那些公司内部的愿意承担风险进行创新的员工。后来，Pinchot（1985）提出了一个新的术语“intrapreneurs”来描述公司内部的创业者。创业激情作为一种强烈积极的创业情绪，有助于促进创业行为的发生（Thorgren，2014），支撑创业活动（Dalborg，2014），提升创业绩效（Patel，2015），推动企业的持续成长（Drnovsek，2016）。

创业型组织具有寻求机会以及创新的愿望和能力，注重开发新的产品和市场机会。Simons（1995）认为，管理控制系统能促进战略更新、学习和创新，提升企业家精神。

网络组织的新型文化鼓励员工自主管理、主动创业、创新和创造价值，对员工分权赋能，为员工提供机会均等的成长平台，激发员工的自主管理意识和企业家精神，促进员工主动开发新的市场机会，主动提升绩效与市场竞争力。网络组织的员工从传统的被管理者转变为自主经营者，从雇员转变为人力资本所有者，更好地实现员工的成长与自我价值。

有机的网络组织结构以及非正式的管理控制系统有利于激发员工的企业家精神。传统科层组织的正式管理控制系统可能阻碍企业家精神的涌现，这是由于正式的管理控制系统主要用于创建秩序和提升现有流程的效率，建立在稳定、可预测的情境基础上，而公司的企业家精神则关注变革与创新，基于不确定、无序和模糊的情境（Lövstål，2008）。

3. 促进组织成员跨边界自主协调与信任合作

网络组织的新型文化与价值观鼓励组织成员跨边界自主协调、信任合作、共同创造和分享价值，促进利益相关方价值最大化。

中国企业的发展和管理模式具有其独特的情境和特点，随着中国经济的发展，更多中国优秀本土企业成长为卓越的企业，植根于深厚中国文化的中国企业家在组织变革和管理创新方面进行了大量的探索和实践，他们不是简单地复制国外的管理理念和做法，而是创造性地提出了许多具有中国特色的企业文化、管理思想和模式，促进企业持续创新。

文化和信任是管理控制的重要基础，对高度分权的网络组织具有重要意义。信任的组织文化能充分提升员工的自主性，减少对立和博弈，促进组织成员的相互协作和共同创新。

信任通常指的是相信组织成员不会有机会主义行为，当信任建立起来以后，持续的控制将可能破坏信任，因为控制是缺乏信任的象征（Tomkins，2001）。

网络组织通过构建信任和自主经营的文化，促进员工自主管理、相互协调合作，减少自上而下的控制。在网络组织关系下，信任可以作为控制的一种替代，高度的信任能降低管控成本（如协调成本、监督成本、执行成本）、鼓励更广泛的协作、提升成员合作的绩效（Dekker，2003）。

4.2.5 网络组织的新型运行规则（边界控制系统）

Simons（1995）认为，边界控制系统包括运营边界与战略边界，运营边界主要用来建立组织的规则和员工的行为准则，界定员工必须避免的行为与陷阱，规避运营风险。战略边界主要设置战略机会寻求的边界，明确能接受的战略机会和竞争战略，让员工远离那些可能降低组织竞争优势的机会和策略，规避战略风险。

网络组织的边界控制系统在运行机制和控制方法等方面进行了创新，与传统科层组织的边界控制系统显著不同。

首先，网络组织更强调员工的自我约束和自主控制，驱动员工主动按照企业价值最大化的理念行动，主动避免不利于组织的行为，实现创新与控制、机会与风险的平衡，促进组织合规运行与价值创造。一方面，网络组织的团队具有更大的自主权，团队根据环境变化自主决策、动态调整竞争策略与行动，在实现战略目标的同时规避风险。另一方面，网络组织鼓励团队主动面向市场，团队能更快地感知和应对市场变化，促进团队在探索新的市场机会的同时规避风险，实现内在平衡。相比而言，传统科层组织的边界控制系统更强调自上而下的控制，管理者进行集权控制与决策，员工的角色更多是执行者，这导致决策层面与执行层面的风险控制难以统一，员工缺乏主动防范风险的积极性和参与度。

其次，网络组织的边界控制系统更侧重从设计的角度事前规避风险，鼓励组织成员主动识别机会与风险，驱动组织动态优化战略、经营计划、流程和机制，快速抓住机会，动态规避风险。相比而言，传统的边界控制系统侧重执行环节的控制，强调员工遵守管理者制定的规则，员工很少参与战略制定和管理控制机制的设计过程。

最后，网络组织搭建了统一的运行机制、流程、系统和规则，强调共享的组织规则、团队规则、网络规则，不同结点和组织成员在网络组织的平台上根据组织的统一规则有序运行，有利于减少运营风险。网络组织根据环境变化动态更新战略，鼓励员工充分参与战略过程，有利于减少战略风险。同时，网络组织鼓励组织成员之间自主协同、相互监督与目标共享，提升市场的约束和激励作用，减少信息不对称，促进组织合规运行。

4.3 网络组织的新型管理控制机制整合创新

网络组织需要一种有别于传统的科层控制与市场控制的综合关系安排，以实现有效的协调和控制（Zenger，2002）。可能的解决方案是将两种形式的协调与控制机制进行整合，比如，组织内部网络结构可以视同在企业内部引入市场机制（跨功能团队、团队激励等），企业与外部组织的关系可以通过企业内部才有的绩效管理以及信任关系等进行控制（Dekker，2004）。

网络组织创新整合应用市场机制、自主经营机制、跨边界协同机制、非正式控制机制等管理控制机制，同时保持适当的正式控制，实现不同管理控制机制的整合应用，更好地实现组织的目标。网络组织的管理控制更加市场化、自主化、网络化、人性化。

4.3.1 网络组织的市场机制

1. 企业内部引入市场机制，提升组织效率与效能

网络组织在企业内部充分引入市场机制，强调市场在目标设定、资源配置、绩效评价和激励等方面的重要作用，驱动组织市场化运转，提升组织效率和效果。

网络组织强调市场导向，以客户为核心，员工主动面对市场，基于市场需求动态创新产品和服务，为客户创造价值，提升市场竞争力。网络组织鼓励团队根据市场对标设定有竞争力的绩效目标，根据市场需求自主配置资源，提升资源利用效率，根据团队的市场产出进行绩效评价和激励，提升激励效果。

从组织治理的角度，市场治理比科层治理更有优势（Williamson，1991；聂辉华，2004）：第一，市场有很强的激励强度（Intensity of Incentive）和激励作用，交易主体拥有完全的剩余索取

权，科层组织的激励强度较弱；第二，市场成员具有自发性适应（Autonomous Adaptation）能力，基本不需协调，科层组织主要依靠权威进行协调性适应（Cooperative Adaptation），对外部环境的适应性较弱；第三，市场基本上不存在行政控制（Administrative Controls），科层组织采取较强的行政控制；第四，市场不存在官僚成本，科层组织的官僚成本较高；第五，市场具有相对完备的契约，科层组织的契约通常不完备。

网络组织将企业和市场这两种治理形式的优点有机融合，又避免各自的弱点，形成混合治理机制。一方面，网络组织内部充分引入市场机制，市场治理的优点如高效能激励、自主适应环境变化、降低管理成本、促进竞争等得以实现，实现市场化高效运转，提升组织的竞争能力。另一方面，网络组织将原来存在于企业内部的协调机制、信任机制、合作机制等引入企业与外部利益相关方的组织间网络关系中，企业治理的优点如信任合作、相互协调、降低交易成本等也得以实现，如表 4-1 所示。融合企业机制与市场机制优点的混合机制显然更有吸引力（Zenger and Hesterly，1997）。

表 4-1　　　　不同组织治理结构的特征

特征	市场	混合形式	科层组织
激励强度	+ +	+	0
行政控制	0	+	+ +
自发性适应	+ +	+	0
协调性适应	0	+	+ +
契约不完全程度	0	+	+ +
官僚主义成本	0	+	+ +

资料来源：Williamson O E，1991. Comparative economic organization：the analysis of discrete structural alternatives［J］. Administrative Science Quarterly，36（2）：269-296，有所改编。

网络组织充分应用市场机制，通过市场驱动企业运转，快速满足客户需求。随着组织变革，管理者更多采用市场机制以提升管理控制的效果，市场控制能提供更容易准确评估的市场绩效、更自主的运行结构和高强度的市场激励（Zenger，2002）。

网络组织建立市场导向的跨边界自主经营团队，团队成员直接面对市场和用户，主动承诺有挑战性的市场目标，持续探索开发新的市场机会，提升市场绩效和竞争能力。

网络组织的运转由市场驱动而非上级驱动，实现市场化运转。实现了市场需求、市场机会、市场目标、市场竞争、市场绩效和市场激励的有机整合。团队根据市场需求和市场机会确定有竞争力的市场目标，通过差异化的产品和服务创新赢得市场竞争，通过与用户交互获取有价值的市场定单，根据团队的市场绩效对团队进行市场激励和价值分享。市场机制驱动组织成员主动关注市场变化，洞察市场机会和风险，快速响应用户需求。网络组织构建市场导向的"端到端"（End to End）流程，以最快的速度响应和满足用户需求。网络组织的市场机制如图4－2所示。

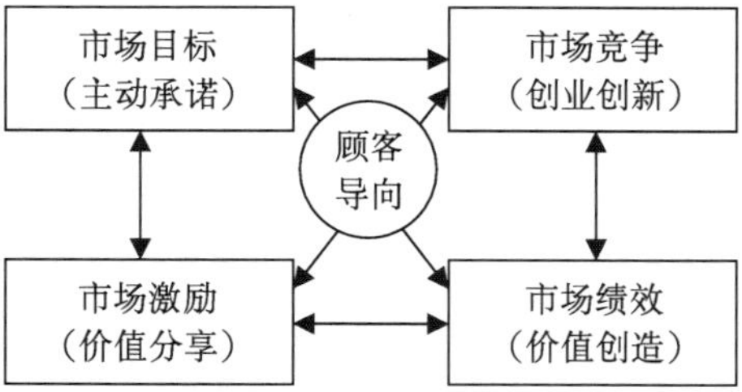

图4－2　网络组织的市场机制

2. 顾客导向与市场目标

网络组织根据市场机会以及市场对标制定有竞争力的目标，激励团队主动挑战和承诺高绩效目标，组织成员围绕目标整合与优化配置资源，根据市场变化动态调整经营计划，达成绩效目标，提升市场竞争力。

互联网颠覆了企业与用户的信息不对称关系，用户从被动的购买者变为主动的参与体验者。传统的产品经济和服务经济逐渐转变为客户经济和体验经济，企业应从满足用户需求转变为创造用户需求，从传统的卖产品变成为用户提供全流程最佳体验。企业的价值更多由用户和市场确认，当用户对企业产品和服务的体验越来越高，就能提升用户黏度，创造更多用户价值，提升企业价值。

互联网时代，企业必须以用户为核心，将用户价值放在首位，企业的战略目标和长远价值才能实现。每个组织单元和员工需明确各自的用户、市场目标和价值，回答彼得·德鲁克提出的几个问题："我的用户是谁？我为用户创造什么价值？我能分享什么价值？我的经营战略与客户战略是否一致？"，更好地为用户创造价值，提升组织绩效。

3. 基于市场绩效的市场激励

网络组织根据自主团队的市场产出和价值贡献进行绩效评价，根据团队的市场绩效进行市场激励和价值分享。市场绩效评价和市场激励具有更高的激励效能，能有效激励团队成员共同关注客户满意度和创造更大价值。基于产出的绩效指标是市场控制的特征，市场让员工更关注产出，因为这些产出通过市场价格得到奖励（Zenger, 2002）。

4. 市场竞争机制

网络组织驱动员工主动面对市场和客户，快速响应和满足客户需求，持续创新产品和服务，达成行业领先的业绩水平，提升市场竞争能力，持续保持竞争优势。

网络组织在内部引入竞争机制，激励团队和员工相互超越、对标学习，挑战高绩效目标，持续提升绩效与能力。网络组织根据团队和员工的绩效、价值贡献、能力等提供相适应的成长空间、资源和激励，驱动团队和员工竞相挑战更高的目标、达成更高的绩效，提升竞争力。通过内部竞争机制，高绩效的团队和员工将优先获得更多的激励、资源和成长机会。低绩效的团队和员工将可能被替代，从而形成横向之间的竞争压力，促进组织能力与人力资源的动态优化，持续提升组织绩效。

4.3.2 网络组织的自主经营机制

环境不确定性要求敏捷组织给予员工更多的授权与更少的会计控制（Malmi and Brown，2008）。

网络组织赋予员工更大的自主经营权、自主决策权、剩余控制权和剩余索取权，根据团队的价值贡献进行绩效评价和激励，激发员工的所有者意识和企业家行为，激励团队主动承诺高绩效目标、主动创新与创造价值，达成组织的目标。

网络组织强调组织是由人组成的复杂社会网络，而非机器，关注人的自主性和价值实现，促进员工自主管理。网络组织以自主经营团队为单元，提升组织的自主适应能力、快速响应能力、创新力和创造力。

面对复杂的内外部环境，企业不能仅依赖于少数管理者，而应该充分发挥全体员工的聪明才智，如此才能提高企业对环境变化的感知力和适应力（向利，2021）。

基于自主经营机制的管理会计系统有利于促进团队的成功。团队的成功需要具备四个要素：提供合适的信息、基于团队绩效的奖励、授权团队自主决策、培养团队成员的能力（Ledford，1993）。管理会计系统能对团队成功的前三个要素提供支持，对团队的成功非常重要（Scott and Tiessen，1999）。

1. 团队自主经营

面对不确定的外部环境，网络组织鼓励团队自主经营，对员工分权赋能，激励团队主动创新产品和服务，探索新机会与整合优化配置资源，快速响应市场需求，提升价值创造，让员工参与价值分享。网络组织鼓励团队主动参与战略和管理过程，促进组织成员自主协调合作，更好地实现组织目标。

基于市场机制组建和激励的自我管理团队通过整合各种能力实现产出，根据产出获得奖励，这种基于团队产出的激励具有高强度的效能，能强化以团队为基础的组织结构（Zenger，2002）。

自主经营机制有利于提升员工的所有者意识和角色外行为，促进员工自发创新与采取有利于组织的行为。Organ（1988）将员工的行为分为角色内行为和角色外行为。角色内行为即任务表现，是正式的工作描述和岗位职责说明中明确规定的行为。角色外行为是超越组织规定角色的带有创新和自愿性质的行为，该行为会影响组织的运作效率和效能。在组织中，员工不仅需要完成角色内职责规定的任务，更需要超出角色期望的有利于组织的自发行为，主动创新和创造价值。

同时，自主经营团队有利于实现员工与客户的紧密联系，促进员工快速响应和满足客户需求，提升组织的动态能力和竞争优势。当然，网络组织在分权的同时仍保留一定程度的总部协调和控制，实现组织的整体协同。网络组织的团队自主经营机制如图 4－3 所示。

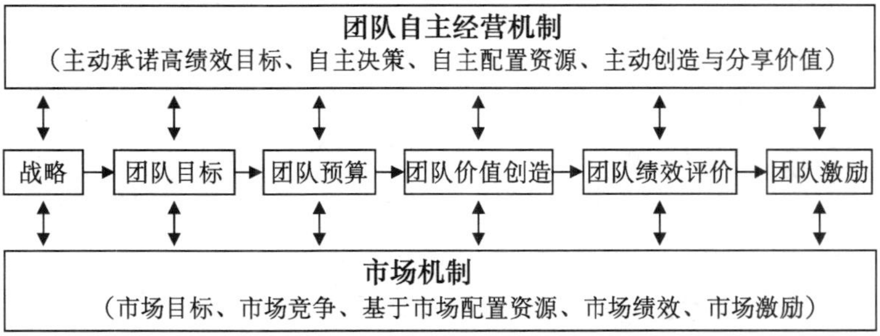

图 4－3　网络组织的团队自主经营机制

2. 团队自主决策

齐默尔曼（2000）将决策权力分为决策管理权（Decision Management）和决策控制权（Decision Control），决策管理涉及决策的制定与执行，决策控制指的是决策的审批与监督。

传统的科层组织强调集权，将决策管理权与决策控制权分开，上级对下级进行决策审批和控制，降低了企业的决策效率与市场响应能力。企业契约理论认为，代理人的决策有可能与委托人的利益发生偏离（刘俊茹，2006）。

网络组织更强调分权，组织的权力从管理者转移到员工，从企业转移到市场和客户，鼓励团队根据市场变化与客户需求自主决策，实现决策管理权和决策控制权在团队层面的统一，提升决策效率和市场响应速度。自主经营团队在分权机制下自主决策，减少了总部的决策和审批环节，能迅速满足市场需求。网络组织构建开放动态的网络信息系统，组织成员能够快速获取有关市场、顾客、产品、对手、团队绩效等信息，支持团队自主决策。

3. 员工分享剩余控制权和剩余索取权

陈宏辉和罗兴（2005）认为员工参与管理的模式包括两种：一是给予员工充分的剩余控制权，让员工在企业生产过程中现场决策和自我管理；二是通过分享和让渡企业剩余索取权的方式使员工参与企业管理。

网络组织鼓励团队自主经营、自主决策，员工具有更大的剩余控制权。同时，网络组织根据团队的价值贡献进行薪酬激励与价值分享，员工具有更大的剩余索取权，有利于实现激励相容，促进员工在为顾客和组织创造价值的同时实现自我价值。企业通过与外部合作方构建生态圈网络，让更多的利益相关方共同参与价值创造与价值分享。在新经济条件下，企业剩余索取权和剩余控制权在更大范围内的分享和让渡已日益成为一种不可逆转的潮流（谢德仁，2001）。网络组织的团队自主经营过程如图 4-4 所示。

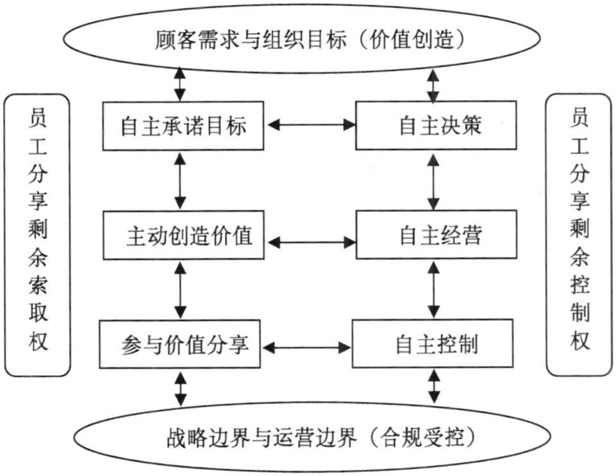

图 4-4　网络组织的团队自主经营过程

4.3.3　网络组织的跨边界协同机制

网络组织构建跨边界协同机制，促进组织成员自主协调合作，提升组织的效率和效果。网络组织将一般在企业内部才有的信任与协调机制用于企业与外部合作方之间的生态圈网络，实现跨边界协同，有利于不同利益相关者之间共享目标、资源和价值，共同响应和满足市场需求，共同创造与分享价值。

网络组织的每个团队和结点应视为整个价值链上不可分割的一环，不再按上级指令提供产品或服务，而是协同起来共同根据市场需求为外部用户提供有价值的产品和服务（Hope and Fraser，2001）。网络组织将传统的管理者与员工之间的纵向等级关系转变为组织成员之间的横向协同关系，构建基于横向关系的管理控制机制，促进组织成员跨边界自主协调与合作。

1. 从纵向控制向横向协同转变

科层组织主要关注纵向结构的管理控制，强调管理者对员工自上而下的命令和控制，忽略了组织横向关系的协调和控制，成员之间缺乏自主协调与合作。

网络组织结构强调横向关系与跨边界自主协同合作，不同结点和成员之间高度依赖、相互协同、共享目标、信任合作、自主协调与互相监督，有利于降低管理成本、提升管理效率、促进组织协同、快速响应市场需求。

Galbraith（1973）认为横向关系（Lateral Relations）能用来制定复杂的决策，横向关系下的管理者必须通过与平行部门的合作来自己解决问题，而不是如同传统科层架构那样将问题反馈给上级。Ostroff 和 Smith（1992）采用“水平组织”（Horizontal Organizations）来描述这种横向关系。横向关系能通过信息和知识共享加快决策流程，让组织有效应对外部环境的不确定性。

Van der Meer - Kooistra 和 Scapens（2008）提出，横向关系的结构需要相互合作与协调，而非命令与控制，横向关系的特征是成员相对平等、相互高度依赖、在复杂变化的情境下运行，横向关系需要新的治理方式来促进知识交换、协同与竞争，实现灵活性与稳定性，推动领导角色的转换。

网络组织构建了组织成员之间的横向自主协调与合作机制，组织成员共享目标、资源、知识和信息，相互协调、合作与监督，共同响应和满足市场需求，共同创造与分享价值，达成共同的目标。网络组织的跨边界协同机制如图 4 -5 所示。

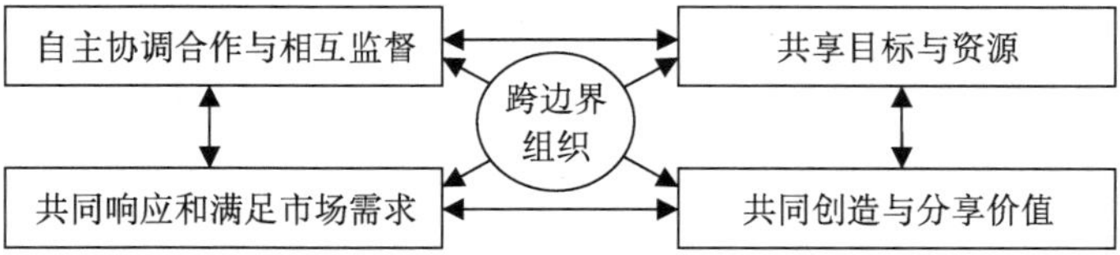

图 4 -5　网络组织的跨边界协同机制

2. 组织成员跨边界协同合作：突破可控原则

网络组织对营销、研发、生产、采购等部门进行全流程整合，构建了跨边界的自主团队，团队成员共同对销售收入、利润、价值创造、客户满意度等全流程绩效负责，共享目标、责任和价值。网络组织的成员间相互依赖与协作，经理们需要依靠其他单元的合作共同完成绩效目标。

传统的责任会计是在科层组织内部对责任中心进行自上而下管理的纵向机制，而新型组织需要将责任中心作为横向管理机制，用来管理不同团队以及在共同的价值链和流程上工作的跨功能委员会（Rowe et al.，2008）。

Frow 等（2005）的研究表明，公司活动都是相互依赖的，管理者需共同承担责任来管理这些活动、共同采取相应的管理控制程序，同时整合非正式控制，来解决责任和（缺乏）控制之间的矛盾。

网络组织通过跨边界自主团队实现全流程整合与全价值链管理，让成员共同对全流程的产出和价值创造负责，促进组织协同，共同实现组织的目标。

4.3.4　网络组织更强调非正式控制

从管理控制理论和组织理论的双向角度，网络组织需要同时采用正式控制和非正式控制机制（Dekker，2004）。正式控制包括协议约定的义务、服务水平协议、计划程序、绩效评价和激励系统。非正式控制，也称社会控制和关系治理，包括影响成员的文化、价值观、社会关系与群体规范。非正式制度强调信任与关系网络在组织合作中的作用（Gao et al.，2015）。

传统的管理控制系统偏重正式控制，忽略了管理控制的社会属性以及人的因素，忽略了非正式控制。

在有机组织结构下，非正式控制得到更广泛的采用。非正式控制比正式控制更重要，比如群体规范、社会关系以及文化等（Collier，2005）。在非正式制度下，企业利用信任和关系网络来加深与开放式创新伙伴之间的合作，并在经营中相互交流、沟通、学习和互动，推动创新绩效的提升（杨震宁和赵红，2020）。信任可作为正式管理控制机制的补充机制，当企业难以制订完全理想的、能够预测到所有动机与行为的合同时，将信任与正式控制机制相结合更有利于促进公司管理（Audi et al.，2016）。

网络组织充分应用非正式控制机制。一方面弱化传统的以官僚权威、规则等为基础的正式控制，另一方面强化基于信任、文化、价值观、社会关系与群体规范的非正式控制，促进组织成员自主管理与自主协调合作，减少行政协调成本。

网络组织鼓励员工自主管理，激发人的主动性和创造性，从纵向控制转向横向自主协调，从他律转向自律，从外在激励转向内在激励，从外部约束转向自我约束。

网络组织构建新型组织文化和价值观，促进组织成员目标统一、信任合作、自主协同，深刻影响组织成员的行为，激励员工主动创新与创造价值，达成组织目标。

通过强化组织成员之间的信任，强调非正式的自主管理，结合网络组织架构，更能适应高度竞争和不确定性的商业环境（戴天婧等，2012）。

当然，在强调非正式控制重要性的同时，网络组织仍需保持最低限度的正式控制，促进组织合规与可靠运行。Van der Meer - Kooistra 和 Scapens（2008）的研究表明，组织还必须保留最小化的结构来为水平关系的管理提供规则和流程。

网络组织实现了新型管理控制系统集成与新型管理控制机制整合，可以更好地实现组织的目标，如表 4 - 2 所示。

表 4－2　　网络组织的新型管理控制系统集成与新型管理控制机制整合

<table>
<tr><th colspan="2" rowspan="2">网络组织的新型管理控制系统集成</th><th colspan="5">网络组织的新型管理控制机制整合</th></tr>
<tr><th>市场机制</th><th>自主经营机制</th><th>跨边界协同机制</th><th>非正式控制（更强调）</th><th>正式控制（低限度）</th></tr>
<tr><td rowspan="3">基于价值创造的新型绩效管理系统</td><td>新型预算管理体系</td><td>·基于市场对标设定市场目标
·基于市场需求优化资源配置
·根据市场变化动态更新业务计划</td><td>·团队等组织单元自主挑战高绩效目标
·自主配置资源
·自主决策，分享剩余控制权</td><td>利益相关方共享目标、资源</td><td>·组织学习
·预算沟通
·预算参与</td><td>预算控制</td></tr>
<tr><td>新型绩效评价体系</td><td>市场绩效：基于市场产出和价值贡献进行绩效评价</td><td>·绩效评价：基于团队等组织单元的市场产出
·组织单元主动创新达成高绩效</td><td>利益相关方共同创造价值</td><td>生态圈价值共赢、共享</td><td>绩效考核</td></tr>
<tr><td>新型激励体系</td><td>·市场激励：基于市场产出和价值贡献进行激励
·高效能</td><td>·团队激励：基于团队绩效进行激励
·价值分享：员工分享剩余索取权
·自我激励</td><td>利益相关方共同分享价值</td><td>·激发员工的角色外行为
·心理契约
·内在激励</td><td>外在激励</td></tr>
</table>

续表

网络组织的新型管理控制系统集成	网络组织的新型管理控制机制整合				
	市场机制	自主经营机制	跨边界协同机制	非正式控制（更强调）	正式控制（低限度）
新型网络组织结构（自主适应系统）	·自主适应外部环境变化 ·快速响应市场需求、抓住市场机会	·团队自主经营、自主决策、快速满足客户需求 ·自适应、自驱动、自运转、自创新	组织成员和利益相关方自主协调合作	·自主协调 ·自主合作	适当的组织协调
新型战略（交互创新系统）	·动态感知市场变化与市场机会 ·动态更新战略，提升市场竞争力	员工充分参与战略交互、战略决策、战略更新与战略执行	组织内外部成员达成战略共识，实现战略协同	战略交互	/
新型组织文化（价值观自驱动系统）	·客户导向的市场文化 ·价值共创共享共赢的生态圈文化	·激发员工创业创新的企业家精神 ·自主经营文化	·利益相关者价值最大化 ·组织成员统一目标和价值观	·信任合作 ·社会关系网络	/
新型运行规则（边界控制系统）	·市场机会边界 ·竞争战略	·员工自我约束 ·自我控制	·相互监督 ·协同控制	·组织文化 ·行为准则	·运营边界 ·规则制度

4.4　网络组织的新型管理控制角色

Tessier 和 Otley（2012）认为，控制的角色包括赋能（Enabling）和约束（Constraining）两个方面。管理控制过程一方面引导（Inducing）员工做某些事情，另一方面限制（Refrain）员工做另一些事情（Anthony，1965）。一些控制用来激励员工产出期望的结果，另一些控制则用来限制员工的不当行为，让员工不可能或很难采取不正当的行为（Merchant，1985）。

1. 从强调约束转向强调赋能

传统的管理控制系统主要强调对员工的“约束”，忽略了对员工的“赋能”，不利于激励员工创新和创造价值。传统的管理控制系统大都从管理者的意图自上而下设计控制机制，缺乏从员工的视角考虑，忽略了员工对管理控制系统设计的贡献（Tessier and Otley，2012）。

网络组织采用更加分权的机制，更强调管理控制系统对员工的赋能，激发员工的自主管理意识和企业家精神，促进员工自主经营、自主决策、主动创新与创造价值，鼓励团队主动开发新的市场机会，动态创新产品和服务，快速满足市场需求，持续创造价值。管理会计的控制系统不是用来控制员工的，而是用来激励员工（冯巧根，2016）。

网络组织需有机平衡员工的自主性（Initiative）与控制力。一方面，网络组织鼓励员工自主管理和自我激励，主动采取有利于组织的行为，达成组织的目标。另一方面，网络组织鼓励员工进行自我约束和自我控制，主动规避不利于组织的行为，促进组织合规与可靠运行。

2. 平衡“开发”与“探索”的功能

对新机会的探索（Exploration）和已有事物的开发（Exploitation）之间平衡的研究从熊彼特就开始了（March，1991）。“探索”注重新机会和新资源的创造，“开发”注重对现有资源的有效利用。

网络组织结构有利于驱动组织成员创新和探索新机会，同时更有效获取和利用资源，促进组织目标的达成。管理控制系统的用途不局限于既有战略的执行，还能用来驱动组织的探索、创新和适应（Simons，2013）。组织应非常灵活，通过诸如跨功能团队等结构来实现组织的探索与开发能力（Tushman and O'Reilly，1996）。

网络组织通过分权机制，促进组织成员自主管理，驱动组织成员主动探索新机会、自主适应外部环境变化、开放整合资源、持续创造价值，提升组织的竞争能力。同时，团队根据市场机会与产出目标自主优化资源配置，提升资源的利用效率和效果。

4.5　网络组织的新型管理控制系统与战略、组织结构的融合

广义的管理控制系统包括战略形成与战略执行（Merchant and Otley，2007）。战略塑造了管理控制系统，管理控制系统也同时塑造了战略（Kober et al.，2007）。网络组织将管理控制系统与战略有机融合，促进战略和目标的达成。

1. 战略规划、管理控制及任务控制的整合

传统的管理控制系统关注战略的执行，而忽略了管理控制系统对战略形成的促进作用。Anthony（1965）将管理控制与战略规划、任务控制相互区分。在科层组织，少数高层管理者进行战略规划，基层管理者进行管理控制，员工进行任务控制。

然而，现代组织的不同经营单元和管理者可能需同时参与战略、管理控制和任务控制（Langfield - Smith，2007；Otley，1999）。因此，网络组织应将战略规划、管理控制与任务控制有机融合。

网络组织鼓励最接近客户的团队和员工参与战略决策，主动承

接组织的战略目标，授予团队高度的自主决策权与自主经营权。自主经营团队根据市场变化动态更新经营战略和业务计划，提升战略和计划的有效性。同时，团队根据市场需求动态进行产品和服务创新，根据市场机会自主配置资源，快速响应和满足客户需求，提升团队绩效与市场竞争力。网络组织在团队层面实现战略规划、管理控制与任务控制的有机融合，让员工充分参与战略管理的过程，提升战略的执行效果，有利于战略的成功达成。

2. 将战略创新与战略执行有机整合

Simons（1995）认为，管理控制系统不仅用于战略执行，还能驱动新战略的形成，促进组织学习与创新。

网络组织的管理控制系统不仅关注战略执行，也关注战略的形成与更新。网络组织动态感知和适应外部环境变化，动态更新竞争战略，持续开发新的市场机会，有效应对不确定性，促进组织的战略更新、学习和变革。

3. 员工充分参与战略管理，将战略转变为员工的日常行动

员工对战略的理解、认同、主动参与战略决策和战略执行，有利于战略的成功达成。许多公司可能设计了非常优秀的战略，但由于缺乏有效的执行而导致失败。1999 年，《财富》杂志认为 70% 的战略失败源于低劣的战略执行。2006 年，关注战略执行效果的网站“bscol. com”统计数据表明，95% 的员工不了解组织的战略，70% 的组织未将中层管理者的激励和战略挂钩，60% 的组织未将战略与预算联系起来。

传统的组织一般由高层管理者制定战略和进行战略决策，员工缺乏对战略的理解与认同，这不利于组织成员达成“战略共识”，导致战略仅仅停留在组织高层少数人的想法层面，而未转化为员工的自觉行动，很难将战略真正付诸实现。战略共识反映的是组织内不同个人与部门对使命、愿景及战略的共同认识和责任。战略共识的程度越高，战略执行的效果越好（薛云奎等，2005）。

网络组织鼓励管理者、员工和其他利益相关者充分了解组织的战略和目标，让员工参与战略决策、战略制定与战略执行，提升组织成员对战略的理解、认同和承诺，将组织的战略转化为组织成员的具体目标和行动。

Hope 和 Fraser（2001）认为，通过分权让员工参与战略决策有利于快速响应和抓住市场机会。首先，客户是战略的核心，市场导向的组织将了解和满足客户需求作为战略管理的重心。其次，让拥有不同智慧的员工参与战略有利于丰富战略管理的过程。同时，让最接近客户的团队参与战略开发能提升组织的战略能力。

网络组织的每个结点直接面对外部市场和客户，动态感应市场变化，快速抓住市场新机会，根据外部环境变化自主决策，动态调整经营战略，提升市场竞争力。网络组织的高层管理者、团队、员工等不同成员动态进行战略交互，根据市场变化动态评估现有战略的有效性，动态开发新的竞争战略，实现新机会、新战略、新产品的不断涌现，促进组织战略达成，提升组织的竞争能力。

4. 基于战略的管理控制过程整合

网络组织以战略为核心，将预算、执行控制、绩效评价和激励有机整合，实现基于战略的管理控制过程整合。

战略与组织结构相互依赖、相互约束和相互支持（Ferreira and Otley, 2009）。组织结构与战略之间的关系体现为双向关系。一方面，组织结构应与战略相匹配（Chandler, 1962）。另一方面，优化组织设计能促进战略的成功。Kaplan 等（2000）提出应建立战略中心型组织（Strategic Focused Organization），强调高层管理者积极推动组织变革，实现战略的有效沟通，将战略转化为员工的日常工作。

网络组织鼓励团队广泛参与战略决策与执行，构建战略中心型组织，提升管理控制的效果。创新的管理控制系统是战略成功的管理基础，战略中心型组织是战略成功的组织基础。只有组织设计和管理控制系统设计共同聚焦战略，围绕战略相互融合、相互促进，才能更好地实现组织的战略目标。

5. 管理控制系统与网络组织结构的有机融合

网络组织更关注基于价值网络与横向关系的管理控制，促进组织内外部成员跨边界自主协调合作。传统的管理控制研究过于聚焦垂直结构的控制，忽略了那些基于业务流程和价值链的控制（Ferreira and Otley，2009）。传统科层组织的管理者对员工进行自上而下的控制、约束和监督，组织内部充满博弈、冲突和对立，容易导致信息不对称、权责利不对等、目标不统一、激励不相容等问题。

网络组织强调不同的组织成员之间跨边界进行自主协调，实现信任合作、目标统一、资源共享。新的组织视角要求管理控制的研究关注组织的横向关系，包括同一层级管理者之间的合作与协调（Van der Meer - Kooistra and Scapens，2008）。网络组织通过机制创新驱动组织成员和外部利益相关者相互合作、相互依赖、相互协同、相互监督，共享目标、责任、资源、机会和价值，共同提升组织的绩效。

网络组织基于员工视角设计以人为本的管理控制系统，关注员工在管理控制系统设计与运行过程的重要作用，驱动员工自主管理，实现员工与组织的目标统一和价值共赢。网络组织充分信任员工，对员工分权赋能，激发员工的所有者意识，员工广泛参与战略和管理控制过程，在为组织创造价值的同时实现员工的自我价值。

网络组织关注基于跨边界团队的管理控制创新，实现战略与管理控制在团队层面的有效落地与整合。网络组织通过创新构建团队预算管理体系、团队绩效评价体系和团队激励体系，激发团队自主承诺高绩效目标，主动提升团队绩效与价值贡献，实现团队激励与价值分享。

网络组织强调管理控制系统根据环境、战略、组织结构等变化进行权变，将管理控制系统创新与战略创新、组织变革、文化创新等有机整合，共同实现组织的目标。

第5章
网络组织的预算管理体系创新

预算在组织的管理过程中扮演着非常重要的角色。Otley（1999）认为，预算管理是少数几个将组织所有关键问题融于一体的管理控制方法之一。

传统的科层组织结构下，总部通过自上而下的刚性目标设定、集权静态计划与集中资源配置等方式对各经营单元进行强有力的预算控制，这容易导致总部与经营单元的博弈与冲突。传统组织内部仍然盛行命令和控制的文化，这种文化在预算过程中占主导地位（Hope and Fraser，2003）。

进入新经济和互联网时代，外部环境变得不确定和复杂多变，难以对未来进行准确的预测和计划。网络组织变得更加分权和柔性，需要对传统的预算功能、目标设定体系、预算流程、资源配置等进行创新变革，构建基于网络组织的新型预算管理体系。

对传统预算体系的变革路径，主要形成了两大观点：一个是建议对传统的预算方法和程序进行改良，即“改进预算”（Better Budgeting），以减少传统预算的不足；另一个是建议摒弃传统的预算，即“超越预算”（Beyond Budgeting）。

然而，应该看到，传统组织的预算管理体系表现出来的问题往往不是预算本身的问题，很多源于企业的战略、组织结构、绩效评价体系和激励机制等存在问题以及预算与这些要素缺乏有效整合。事实上，如果企业能根据环境变化对战略、组织结构、组织文化、预算管理、绩效评价和激励体系进行动态更新，同时将预算管理和战略、组织变革、业绩评价与激励机制创新等有机整合，就能较好地发挥预算的功能。反之，则可能导致预算的失调和紊乱。因此，不能将许多组织层面的问题统统归结为预算的问题，更不能由于预算的不足而简单化地放弃预算。预算体系变革的焦点不是“需不需要预算”的问题，而是“如何有效发挥预算作用”的问题。“实际上，无论是从理论还是实践意义上看，都并非只有坚守或放弃预算的简单结论”（高晨和汤谷良，2010）。

全球大多数公司仍将预算作为管理控制系统的重要组成部分，很多企业对传统预算的不足采取改进策略，真正希望放弃预算的极少（Libby and Lindsay，2010）。

网络组织应结合新的外部环境与组织特征对传统的预算管理体系进行变革，让预算管理体系在新的情境下更好地支持组织目标的实现。

网络组织的新型预算管理体系的创新主要体现在以下方面：第一，预算的功能从传统的强调控制转变为强调决策支持，促进组织绩效目标达成与价值创造；第二，从传统的刚性预算和静态计划向柔性预算和动态计划转变，促进组织动态适应环境变化；第三，自主经营团队等经营单元成为网络组织的预算管理单元，驱动团队自主预算管理，简化预算流程，提高预算的效率；第四，目标设定机制创新，从传统的自上而下层层分解刚性目标转变为团队根据市场对标自主承诺高绩效目标；第五，资源配置机制创新，由传统的总部集权配置资源转变为团队根据市场需求自主配置资源，提高资源配置效率与效果。

网络组织强调预算管理与战略、绩效评价、激励等有机整合与相互促进，提升预算的效果。与战略整合的预算有利于促进组织学习和创新，让组织成员共同关注外部环境变化和战略不确定性，创新抓住市场机会，支持组织战略目标的达成。

网络组织鼓励员工充分参与目标设定、计划制订、资源配置、沟通协调等预算管理过程，团队具有更大的自主权，充分发挥预算的作用。同时，网络组织广泛应用信息化、大数据技术，实现信息化、数字化的预算管理。

5.1 网络组织的预算功能优化

预算的两个主要功能是决策和控制（齐默尔曼，2000），其中，决策是指通过预算过程，将组织中某些专属知识和信息传递到组织中的另一部门，以便做出资源配置决策；控制是指以设定好的并层层分解的预算目标为标准，对组织内的活动进行监督和评价，并将绩效与报酬挂钩，起到控制组织行为的目的。

预算的决策功能包括：沟通，基于目标制定的信息交换；协调，不同部门按照规则进行协调；计划，根据战略目标指引确定目标；资源配置，促进企业资源的优化和分配（Chenhall and Brownell，1988）。

预算的控制功能包括业绩评价、经营控制和激励等（佟成生等，2011）。蔡剑辉（2009）认为，在传统预算模式下，预算既担负着计划、协调和资源分配等决策职能，又作为业绩评价和薪酬激励的标准，成为控制系统的一部分，这容易导致两种问题，即预算宽余和业绩宽余。

传统的基于会计的管理控制观（Anthony，1965）根据事前设定的标准进行绩效评价，预算自然成为这种控制系统的比较标准和重要组成部分（Hansen et al.，2003）。

预算的功能需根据不同的组织结构进行平衡，避免预算功能之间的冲突和紊乱。Barrett 和 Fraster（1977）认为，计划、激励和评价之间存在冲突：一方面是计划和激励之间的冲突，如果目标设置得过高将由于难以实现而受到员工排斥，若目标设置过低则不能充分利用组织的资源以达成最佳绩效；另一方面，在绩效评价时，经理人希望将他们无法控制和预测的外部因素（如原材料成本上涨、政策限制等）对绩效的影响予以剔除。然而，如果经理人了解到未来用于绩效评价的预算目标可能事后调整时，他们将不会为了实现预算目标而全力承诺和投入，从而减少预算的激励作用。

网络组织下，由于环境动态变化，无法准确预测未来，只能动态感知和应对变化，预算的角色从“预测和控制”逐渐向“适应与发展”转变（Hope and Fraser，2001）。

网络组织面对动态变化的环境，应充分强化预算的决策功能，减少预算功能的冲突。Barret 和 Frater（1977）认为，预算的角色在不同的组织应有不同的侧重。有机组织的公司预算应发挥决策功能，机械组织的公司预算应发挥控制功能（佟成生等，2011）。

为提升预算的决策功能，网络组织通过预算促进组织成员自主沟通协调合作、柔性整合资源与优化配置资源。同时，网络组织的分权结构有利于组织快速感知和灵活应对外部市场变化，推动组织动态调整经营计划、优化资源配置，快速抓住市场机会，提升市场竞争力，持续创造价值和提升组织绩效，有效发挥预算的功能。

5.2　网络组织的预算目标体系创新

目标设定是绩效管理的关键（Ittner and Larcker，2001）。面对日益竞争与全球化的市场，企业对目标的持续优化变得不可避免（Chenhall，2003）。组织的目标只有转化为员工主动承诺的目标和自觉行动，才可能达成。因此，目标的有效设定对达成组织目标和提升绩效具有重要意义。

传统的科层组织通常由管理者自上而下层层分解设定目标，容易导致上下级博弈和组织成员目标不统一等问题。网络组织鼓励团队自主承诺和挑战高绩效目标。同时，网络组织在组织内部引入市场机制，构建市场导向的目标体系，鼓励团队对标市场标杆（Benchmark），竞相达成高绩效目标。

1. 团队自主承诺与挑战高绩效目标

网络组织设计了员工分享增值收益的激励机制，鼓励团队自主设定和达成高绩效目标，高绩效团队能实现更大的薪酬激励以及获得更多的资源与成长机会，实现激励相容。这样，目标本身具有很强的激励作用。团队成为目标的主动挑战者，而非被动接受者。团队自主设定和承诺高绩效目标有利于激发员工的所有者意识，促进员工主动探索新机会和开拓新资源，主动创造价值和实现高绩效。员工自主承诺的目标最有可能实现，团队自主挑战的目标往往比上级设定的目标更高。

"目标管理"的思想使绩效管理推广到整个组织的员工，赋予每个成员相应的目标。网络组织通过激发团队自主承诺目标，有利于促进组织成员主动提升绩效。正如彼得·德鲁克在《管理：任务、责任和实践》中所提出的那样，"目标不是命令，而是一种责任或承诺，目标应该始终以企业的总目标为依据"，同时，"目标管理和自我控制假设人们是愿意承担责任的，愿意做出贡献的，愿意有所成就的"。

2. 基于市场对标的相对目标机制

网络组织构建市场导向的相对目标体系，根据市场机会和市场对标设定有竞争力的目标，提出诸如"行业增幅第一""行业盈利能力第一"等目标原则，提升目标的竞争力与挑战性。这样，不同的经营单元和团队将根据行业和市场对标动态优化目标，持续提升市场绩效，减少信息不对称与内部博弈。

不同的经营单元和团队根据企业的战略目标、市场容量、市场机会、市场定位、行业和对手的绩效水平等确定有竞争力的绩效目标，最终通过市场产出来评价绩效，根据市场绩效进行市场激励和价值分享。这种市场导向的目标机制对员工而言更加公平，信息也更加透明，能提升目标设定和达成的效果。

市场导向的目标有利于促进组织从“以企业为中心”转变为“以客户为中心”，驱动组织成员共同关注市场而非组织内部，共同聚焦客户价值与市场机会，提升市场竞争力。组织的资源也围绕市场目标实现全流程整合与共享，共同服务于提高市场产出与组织绩效。

3. 组织内部竞标机制

为了鼓励经营单元和团队主动挑战和达成高绩效目标，在外部行业对标的基础上，网络组织在内部设计经营单元之间、团队之间、员工之间的目标竞标机制，促进经营单元、团队、员工竞相挑战和达成高绩效目标，形成一种“赛马”和“争第一”的机制，动态提升绩效。达成高绩效目标的团队能获得更多的薪酬激励、成长机会、资源和价值分享，员工能实现更大的自我价值。新的目标体系倡导挑战自我、创造价值，每个员工都勇于面对竞争、挑战最高绩效，形成业务之间、工厂之间、团队之间和员工之间竞相达成高绩效的氛围（Hope and Fraser，2001）。

有效的机制设计能同时促进团队竞争与合作。Hope 和 Fraser（2003）提出了两个方法来解决团队竞争与合作的冲突，一是将每个客户与唯一的团队匹配，二是将公司利润的一部分作为公司整体的激励分享池，从而有效减少“搭便车”的行为。

4. 促进组织成员目标统一

组织成员的个体目标与组织整体目标的统一是提升组织绩效的关键，目标一致有助于促进组织成员之间的有效协作、资源整合与信息共享，从而提升组织的绩效。网络组织的成员之间更加相互依赖和自主协作，共同对全流程的价值和市场产出负责，更容易实现目标统一。

网络组织兼顾员工、客户、股东、供应商、合作方等不同利益相关者的目标，关注利益相关者价值最大化。首先，实现员工和用户的目标一致，驱动员工主动关注用户需求，为用户创造价值，员工能参与价值分享。其次，实现营销、研发、生产、采购等部门的全流程协同与目标统一，共同响应和满足用户需求，共同创造与分享价值，提升全流程的价值创造。最后，实现组织与外部利益相关者的目标统一，促进相互信任与合作，降低交易成本，构建共同创造价值与分享价值的生态圈网络。

5.3 网络组织的预算流程简化与预算方法创新

1. 网络组织的预算流程简化

传统的预算流程是一个冗长而高成本的过程，它占用了管理者和财务经理将近 30% 的时间（Hope and Fraser，2003），传统的预算编制过程大多从财政年度开始前的数个月启动，不同的部门基于一系列对未来的假设编制预算，然后提交上级审核，经过数轮讨价还价，最终确定预算。

为有效发挥预算的作用，网络组织需要精简预算流程，让团队根据市场对标更高效地设定高绩效目标、根据环境变化动态制定行之有效的计划、根据市场机会优化资源配置与提升资源效率，快速抓住市场机会，主动达成预算目标。预算流程的变革通常与组织的业务流程再造相关联，需要公司高层的推动、基层管理者的承诺以及员工的广泛参与。网络组织的分权结构以及自主经营机制有利于预算流程的精简。

首先，网络组织弱化了组织层级，鼓励团队等组织单元自主承诺高绩效目标、自主决策制定经营计划、自主配置资源，减少了传统的自上而下的预算控制带来的层层博弈与低效冗长的预算审批环节。同时，团队自主预算管理以及信息化的预算系统也有利于减少预算编制和沟通的时间。

其次，网络组织促进了横向自主沟通协调与信任合作，有利于实现全流程的目标统一、资源共享与自主协同，减少部门之间的博弈和资源竞争，提高预算的效率。

最后，网络组织通过市场对标、内部竞标和价值分享的机制减少信息不对称。一方面，通过市场对标、同行监督（Peer Monitoring）和公平竞争，鼓励团队等组织单元自主承诺高绩效目标，基于绩效产出效果动态优化资源配置。另一方面，网络组织赋予团队更大的“剩余索取权”，团队能根据价值创造分享增值，激发员工主动达成高绩效目标，促进个体目标与组织目标的统一。

2. 网络组织的预算方法创新

对传统预算存在的问题，国际高级制造业联合会（Consortium for Advanced Manufacturing - International，CAM - I）提出了两种不同的解决方案：一种是由 CAM - I 美国机构提出的作业预算（Activity - based Budgeting，ABB），另一种是由 CAM - I 欧洲机构提出的超越预算（Beyond Budgeting，BB）。尽管两种观点有很大区别，但它们都坚信传统的预算已经不能适应当今快速变化和不确定的环境，需要进行变革。网络组织应充分整合作业预算、超越预算等预算方法的有益思想，提升预算的应用效果。

作业预算提出通过采用更全面、基于作业的运营模型以及详细的财务模型来改进传统的预算系统，侧重预算与运营计划（Operational Planning）的紧密关联，基于作业活动编制预算。

迈克尔·哈默与詹姆斯·钱皮于 1993 年提出业务流程再造理论（BPR），认为业务流程再造是“从根本上对业务流程进行反思和重新设计，以便现行关键业绩指标（诸如成本、质量、服务和速度）发生戏剧性的改进”。业务流程再造突破了传统的层级与职能导向，转变为流程与客户导向。基于业务流程再造理论，企业可视为作业的集合，形成作业链与价值链，构建以作业、流程、价值链为基础的作业管理（Activity - based Management，ABM）和作业预算。

作业预算强调全流程的业绩产出，驱动组织的横向协同与整合，鼓励将更多的资源分配给增值能力强的业务、产品和团队，实现资源的优化配置与效率提升。

作业预算在形成财务预算之前先建立可行的经营预算。第一步是经营循环，先将产品和服务需求转化为作业需求，然后将作业需求转化为资源需求，当企业的资源需求量与企业的资源拥有量相符时，就实现了经营循环的平衡。第二步是财务循环，基于经营预算制定财务预算，当财务预算的结果达到了预定的财务目标时，便实现了财务循环的平衡。

作业预算相比传统预算更有效（Hansen and Torok，2003）。首先，作业预算基于作业和资源制定预算，有利于产品和流程改进、作业成本计算、决策制定和资源优化配置。其次，作业预算的经营循环为平衡组织的能力提供了一整套工具。再次，经营术语比财务术语更容易让基层经理和员工理解和沟通预算。最后，作业预算强调了水平结构和流程导向的组织，消除了传统纵向组织的部门边界。同时，作业预算有助于根据组织优先级目标实现资源的最佳配置（Hansen et al.，2003）。

Hope 和 Fraser（2001）认为，作业预算有助于根据市场需求确定所需资源，优化资源配置，作业成本能更准确地分析客户与产品的盈利水平，避免不必要的成本，同时，作业预算有助于建立基于流程的水平组织。

当然，作业预算也存在一些不足。比如，作业预算关注了如何改进计划流程，但未提出如何设计绩效评价系统。同时，作业预算对作业、流程、资源等信息的获取存在局限，这些信息的加工维护成本也较高（Hansen et al.，2003）。

超越预算聚焦绩效评价系统的变革以及组织的分权，建议采取两个步骤解决传统的预算问题。第一步，推进事后（Hindsight）相对业绩评价。第二步，更积极地推进组织分权，向基层经理和员工分权。

超越预算试图避免“年度绩效评价陷阱”的问题（Hope and Fraser，2003），该陷阱主要指传统的预算目标缺乏可靠的（外部）依据，而且年度内保持固定，以这种预算目标来考核经理将导致行为失调。超越预算希望将有能力的员工从传统的自上而下的固定绩效契约中解放出来，让员工运用自己的知识和资源来满足客户需求，实现盈利，持续保持组织的竞争优势（Hope and Fraser，2001）。超越预算的使命如图 5 - 1 所示。

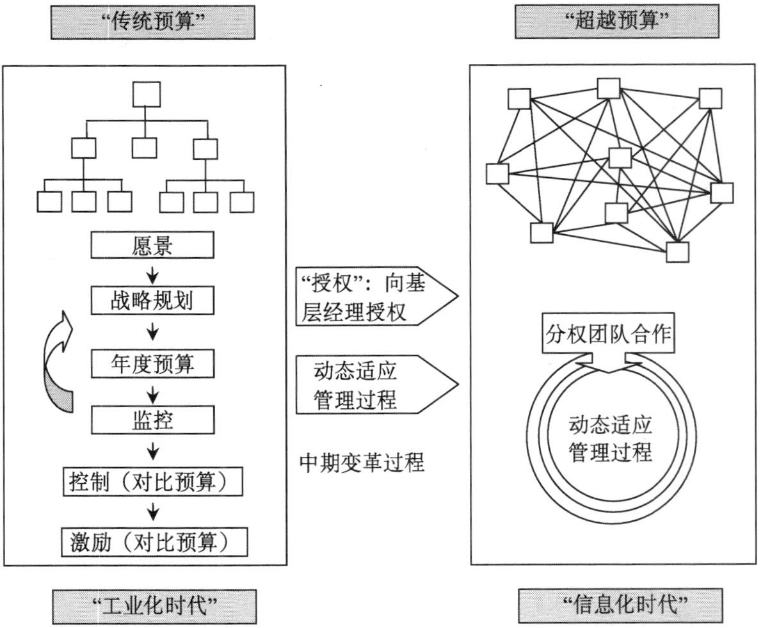

图 5 - 1　超越预算的使命

资料来源：Daum J H，2002. Beyond Budgeting：A model for performance management and controlling in the 21st century？［J］. Controlling & Finance，6：1 - 3。

网络组织应将作业预算与超越预算的优点进行整合。作业预算与超越预算应该能整合应用，比如，采用作业预算的方法制定运营与财务计划，同时，在作业预算过程中采用超越预算的相对绩效评价原则（Hansen et al.，2003）。

3. 网络组织的预算管理信息系统

随着信息技术的发展，网络组织通过构建信息化、网络化的预算管理信息系统，提升预算的效率和效果。

网络化的预算管理信息系统有助于实现网络组织内外部成员之间的信息共享、目标统一和自主协调合作。通过网络化的预算管理信息系统，组织成员能动态了解预算目标、经营计划、市场预测、资源配置和经营绩效等信息，实时了解和应对外部市场变化，动态调整业务计划和资源预算，支持组织绩效目标的达成。

从组织内部的角度，通过网络化的预算管理系统，研发、营销、生产、采购、配送、服务等流程之间能同步获取市场目标、市场定单、经营计划等信息，相互协同合作，快速提供客户满意的产品和服务，推动全流程的资源整合与优化配置，提升市场竞争力。

从组织外部的角度，网络化的预算管理系统有利于促进企业和客户、供应商等利益相关者之间的信息共享，实现动态沟通与协同创新。一方面，促进企业与经销商之间动态沟通有关市场需求、产品、渠道等信息，合理安排销售预算、生产预算和产品开发预算，提升市场销量和盈利能力，降低企业和经销商库存。另一方面，促进企业与供应商之间动态沟通研发计划、生产计划和采购计划，鼓励供应商参与企业的前端设计，合理安排供应，实现即时制（JIT）生产，提高生产效率与市场响应速度，快速满足市场需求，减少整个供应链的库存和成本。

5.4　网络组织的滚动预测与动态计划

预算在应对环境变化和管理不确定性方面起到越来越关键的作用。以往的研究对预算的灵活性以及环境适应性等没有进行足够的研究（Libby and Lindsay, 2010）。网络组织根据外部环境变化和市场需求动态调整经营计划，围绕影响组织未来绩效的因素和变化进行滚动预测与柔性应对，提升组织的动态适应能力。

计划的功能在于将组织的战略和目标转化为具体的业务计划，从而对组织的营销、研发、生产等环节进行统筹安排，实现组织的绩效目标。

传统的计划往往固定不变，而不管计划所依据的假设和外部环境是否发生很大变化，导致不能很好地适应外部环境变化和市场需求，员工习惯于执行刚性计划，而不是关注如何动态满足市场需求与实现组织的目标。

网络组织为了动态适应环境的变化，更强调滚动预测和动态计划，根据市场变化动态调整竞争战略与行动计划，快速抓住市场机会，提升竞争能力。滚动预测在战略过程中扮演着重要的角色，由于市场和经济环境变化，滚动预测能帮助管理者持续评估当前的行动计划（Hope and Fraser, 2003）。滚动预测通常定期更新，对未来的几个相同周期进行预测，能更好地解决传统静态预算的问题。

滚动预测和动态计划有利于实现即时管理（Real - time Management）。网络组织鼓励成员动态关注外部环境变化及影响，分析预测与目标的差异，根据市场变化动态优化经营策略，提升绩效与市场竞争力。团队基于动态的信息自主决策，快速满足市场需求，持续提升价值创造。

5.5 网络组织的资源配置创新

资源配置是预算的重要功能，提高资源的利用效率和效果对组织目标的达成非常关键。网络组织的资源配置更突出市场导向、价值导向、动态优化与自主决策的特征，将资源优先配置给新的市场机会和价值创造能力高的业务、产品和团队。

1. 市场导向：根据市场机会和市场目标配置资源

网络组织鼓励经营单元和团队根据市场机会、市场需求与市场目标自主配置资源，主动开发新的市场机会，根据市场变化动态优化资源配置，提升资源利用效率和效果。网络组织基于组织目标和市场需求动态配置资源，而非根据静态的年度预算分配资源，有利于更好地实现组织的目标。

2. 价值导向：根据价值创造能力配置资源

网络组织鼓励经营单元根据绩效产出和价值创造目标配置资源，提升资源的产出效果。网络组织将资源优先配置给价值创造能力高的业务、产品和团队，以最合理的资源投入获得最大的产出，实现价值最大化。这种方法将资源投入与价值产出有机联系起来，促进企业持续创造价值。

3. 自主导向：团队自主配置资源

传统的组织由总部集权分配资源，网络组织鼓励团队等自主经营单元自主支配资源，主动达成绩效目标。自主经营单元根据目标主动整合新的资源与高效利用现有资源，创新开拓新的机会，这符合企业家精神的定义，即“员工在缺乏足够资源的条件下寻求机会”（Simons，2013）。管理控制系统不仅用于现有资源的利用，还能用于开拓和探索新的资源（Simons，2010）。

网络组织的团队对绩效以及资源的产出效果负责，因而能比传统组织更容易获得资源，而无需经过层层审批，同时，团队在资源需求下降时也不会超额使用资源（Hope and Fraser，2003）。

4. 开放导向：整合外部资源促进开放创新

网络组织构建企业与利益相关者实现资源共享与价值共赢的开放生态系统，从原来依靠企业自身资源发展的封闭体系变成开放整合外部资源实现价值共创共享的生态圈，从原来不同利益相关方的竞争博弈变成合作共赢。企业需要与多种合作伙伴进行跨组织边界的合作来获取有价值的外部资源和知识，开放式创新强调将各种外部知识纳入创新系统，组成动态、复杂的创新网络（Zobel et al.，2017）。

网络组织激励团队主动探索新的市场机会、开放整合新的外部资源、动态优化资源配置，持续创新与创造价值。正如彼得·德鲁克所提出的那样，“创新，就是创造一种资源”。相对于封闭式创新，开放式创新不再强调对创新资源的所有和控制，而是强调对创新资源的获取与重新配置（杨震宁和赵红，2020）。

相比内部创新，开放式创新速度更快、成本更低、收益更高。在开放式创新中，知识等关键资源能够跨越组织边界传递，所以企业的创新优势经常与其所嵌入的生态系统有关（Ritala et al.，2017）。

5.6　网络组织的预算管理机制创新

5.6.1　自主经营团队预算管理

网络组织建立基于团队等自主经营单元的预算管理体系，更好地实现组织的目标。网络组织的经营单元变得规模更小、数量更多、更具有企业家精神，众多开拓当地市场机会的小型团队构建一个更加动态的组织（Hope and Fraser，2003）。自主经营团队主动承诺高绩效目标，动态感知市场变化，创新抓住市场机会，根据市场机会与产出效果自主优化资源配置，团队有权根据市场变化动态调整产品开发计划、营销计划和生产计划等，快速满足市场需求，达成高绩效。网络组织的团队预算管理体系与团队绩效评价体系、团队激励体系相互整合，可以更好地实现组织目标。

1. 团队广泛参与预算管理，减少预算松弛

网络组织鼓励员工广泛参与预算过程，促进目标统一，减少预算松弛，提升预算管理的效果。安东尼（2004）认为，参与预算能提升管理的效果：首先，如果管理者感觉到预算目标是在他们的控制下，而不是外界强加于他们，这些目标就更有可能被接受；其次，参与预算能带来高效的信息交流，在动荡或不确定性较高的环境下，参与预算尤其有效；同时，参与预算有利于减少信息不对称，促进组织信息的共享。

网络组织引入团队之间的合理竞争机制来减少预算松弛的问题，高绩效的团队能优先得到更多的资源和激励。组织应将上下级之间的社会压力转变为团队之间的竞争压力（Young et al.，1993）。为减少预算松弛，应向组织内团队引入两种竞争机制：基于预算的稀缺资源分配以及团队预算的横向信息披露（Fisher et al.，2002），同时，企业应当有一个内部报告系统，以便为经营者和团队提供其他团队的预算和业绩信息。

基于团队绩效的资源分配和团队激励机制有利于促进员工提高产出和绩效。同时，团队之间的竞争机制能让团队成员关注其他团队的预算目标和业绩，促进团队之间相互学习、相互超越与横向监督，激励团队持续挑战和达成高绩效。

2. 组织成员自主进行预算沟通协调

预算有利于促进组织成员之间对外部环境、目标、绩效、资源和经营计划等进行有效沟通。预算作为管理者和员工之间沟通信仰、价值观和目标的程序，是员工间传递和加强文化关系的有效途

径（Shields and Young，1993）。

网络组织消除了组织内部的层级与部门边界，有利于组织成员横向之间的自主沟通与协调，营销、研发、生产与采购等流程之间以及组织成员之间相互协同，促进目标统一、资源共享、战略协同。同时，网络组织淡化了组织的外部边界，企业与供应商、客户、合作方等外部利益相关者之间对市场需求、合作目标、经营计划、资源整合等进行沟通协调，有利于企业与外部合作方的信任合作。

网络组织的预算沟通与协调主要有两个特点。首先，充分依靠市场机制促进预算沟通与协调，根据市场机会、市场对标、市场变化等动态优化市场目标、资源配置和经营计划，快速满足市场需求。其次，组织成员之间对预算目标、计划和资源进行自主协调沟通，弱化行政协调，提升预算沟通的效率和效果。

网络组织以全流程跨边界团队为单元，实行基于团队的预算管理、业绩评价和激励，实现管理控制系统在团队层面的整合。基于流程的预算组织体系有利于实现预算与其他管理活动的整合（Hansen et al.，2003）。

5.6.2　预算管理体系的动态优化

预算的效果与环境、战略、组织结构和文化等相关（Chenhall，2003）。环境的不确定性是预算体系设计和运行的重要权变因素，在能准确预测未来的稳定市场下，计划依然是最好的方案，而在快速变化和不可预测的市场下，灵活的控制将更加合适（Hansen et al.，2003）。网络组织的预算管理体系应根据外部环境、战略、组织结构的变化动态创新，以更好地发挥预算的作用。

1. 目标的动态优化

网络组织应根据外部环境变化动态优化组织的目标。各经营单元、团队根据不同的市场、客户群和竞争环境自主挑战和承诺高绩效目标，根据行业标杆的绩效水平与市场机会动态优化目标。动态优化的预算目标能提升组织的弹性，促进组织动态整合利用资源，主动创新产品、服务和流程，持续开发新的外部市场机会，提升组织的竞争能力。

2. 经营计划的动态调整

网络组织根据外部环境变化进行滚动预测，围绕组织未来绩效的影响因素和变化动态优化经营策略和计划，快速抓住市场机会，更好地满足市场需求。

3. 资源配置的动态优化

网络组织鼓励团队等经营单元按市场机会和产出效果动态优化配置资源，提升资源的利用效率和效果。网络组织的开放结构有利于从外部开放整合资源，支持组织目标的实现。同时，网络组织基于市场需求和价值创造能力配置资源，将资源优先配置给新机会和价值创造能力高的业务、产品和团队，实现资源的公平有效配置。

4. 预算组织的动态优化

网络组织将跨边界自主经营团队作为基本的预算单元，有利于提升组织的柔性和市场响应能力，更好地达成组织目标。同时，在网络组织结构下，企业与外部合作方构建价值生态圈，共享目标、资源和价值，动态合作与创新，促进组织目标达成。

5.7 小结：网络组织的新型预算管理体系的特征

网络组织对传统的预算体系进行变革，构建基于网络组织的新型预算管理体系，对预算功能、目标设定、计划制定、资源配置、预算管理机制等进行创新，从传统的刚性预算、固定目标、静态计划、集权决策与集中资源配置转变为柔性预算、相对目标、动态计划、分权决策和团队自主配置资源，提升预算的效率和效果，更好地促进组织目标的达成。网络组织的新型预算管理体系的主要创新包括以下方面。

（1）预算功能优化，促进组织动态适应环境变化与达成组织目标。网络组织更强调预算的决策功能，促进组织成员自主沟通协调，根据环境变化动态调整经营计划，优化资源配置，提升组织绩效，促进组织学习变革，更好地达成组织的目标，减少预算功能之间的冲突。

（2）目标设定体系创新，促进组织成员目标统一。网络组织通过市场对标和内部竞标机制，鼓励团队等组织单元主动承诺与挑战有竞争力的目标，主动达成高绩效，实现员工目标与组织目标的统一。

（3）团队自主预算管理，促进自主沟通协调。网络组织鼓励团队主动参与目标设定、计划制订、资源配置和沟通协调等过程，提升预算的效率和效果。同时，优化企业与外部经销商、供应商、合作方等利益相关者的预算沟通，实现目标、资源的共享，共同创造和分享价值。

（4）滚动预测与动态计划，提升市场响应能力。网络组织授权团队根据环境变化动态调整经营计划，提升组织的自主适应能力和快速响应能力。团队根据市场变化进行滚动预测，动态调整产品开发计划、营销计划和生产计划等，快速满足市场需求，提升市场竞争能力。

（5）团队自主配置资源，提升资源效率。网络组织改变了传统的由总部集中配置资源的方式，授权团队根据市场机会、市场需求和价值产出效果自主优化资源配置，将资源优先配置给价值创造能力高的机会、业务、团队，提升资源的利用效率与价值产出。

（6）员工广泛参与预算管理过程，优化预算行为。网络组织充分授予团队在目标设定、资源支配、计划制定等方面的自主权，鼓励团队基于价值创造和绩效目标自主进行预算管理，实现战略、预算、绩效、激励等在团队层面的内在统一。同时，通过市场机制的引入和新型组织文化减少预算松弛。

（7）网络化的预算信息系统，提升预算效率。网络组织广泛采用信息化技术，促进组织内外部成员的预算沟通与信息共享，提升预算的效率。

（8）预算文化创新，提升预算效果。网络组织倡导价值导向、市场导向、自主经营、生态圈合作的预算文化，抛弃传统的基于刚性目标进行考核与控制的预算文化，激发员工主动创新和创造价值，促进利益相关者合作，共同达成高绩效目标。

网络组织的新型预算管理体系与科层组织的传统预算管理体系的比较如表5－1所示。

表5－1　网络组织与科层组织的预算管理体系比较

项目	科层组织的传统预算管理体系	网络组织的新型预算管理体系
外部环境	·外部环境相对稳定 ·预测未来相对容易	·外部环境不确定、复杂多变 ·难以准确预测未来
预算功能	侧重预算的控制功能（经营控制、业绩评价、激励）	强调预算的决策功能（沟通协调、计划、资源配置、学习变革、动态适应）
预算组织单元	主要以责任中心和部门为预算单元	以跨边界自主经营团队等为预算单元
目标设定	·自上而下层层分解目标，内部博弈 ·固定的刚性目标（渐进的增量目标）	·团队自主承诺高绩效目标，目标统一 ·市场对标的相对目标（动态优化）
计划	·静态计划，忽略环境变化 ·以企业为中心，上级制定计划	·滚动预测、动态计划，适应环境变化 ·以市场为中心，团队自主设定计划

续表

项目	科层组织的传统预算管理体系	网络组织的新型预算管理体系
资源配置	·总部集中分配资源，导致博弈 ·资源主要配置给现有业务，忽略新机会	·团队基于市场需求自主配置资源 ·资源优先配置给新机会和价值创造能力高的业务、团队，提升资源利用效率
沟通协调	主要通过总部行政协调，预算沟通效率较低	组织成员自主沟通协同，快速响应市场变化，促进组织创新
预算行为	预算松弛、博弈、数字游戏	员工充分参与预算、信任合作、主动达成预算目标
预算技术	信息化程度不高、效率低下	网络化的预算系统，提升预算效率

第6章
网络组织的绩效评价体系创新

管理会计由计划与控制扩展为通过对股东价值、客户价值、组织创新以及业绩创造动因的确认、计量和管理，并更多地强调战略性的企业价值创造（潘飞和文东华，2006）。绩效评价系统应能帮助评估运营、营销和人力资源管理等方面的效率和效果，采用跨学科的绩效评价方法，包括管理会计、运营管理、营销管理、人力资源管理以及公司战略等（Chenhall and Langfield - smith，2007）。

网络组织构建利益相关者价值最大化的新型绩效评价体系，关注组织的效率、效果和公平，平衡战略绩效与运营绩效、财务绩效与非财务绩效、长期绩效与短期绩效，衡量不同业务、团队、产品、客户、利益相关者的价值贡献，分析价值的创造来源、创造主体与创造过程，促进员工战略性地创造价值，公平合理进行绩效评价与价值分配，有效激励组织成员持续提升绩效，达成组织的战略目标。

网络组织的绩效评价体系应从事后评价转变为动态适应性绩效管理，促进战略达成、价值创造和有效激励员工达成目标。绩效评价体系需与企业的战略、组织结构、预算和激励体系有机整合，促进企业提升绩效和市场竞争力。

网络组织将自主经营团队作为价值单元，鼓励自主经营团队充分参与绩效指标、绩效目标、绩效评价机制的设计和优化，激发员工主动挑战和达成高绩效目标，提升组织绩效。企业绩效会计是激发企业中的每个人将自己的智慧和能力贡献出来共同创造价值的重要制度保障（向利，2021）。

网络组织的绩效评价体系以利益相关者共创共享价值为导向，以基于市场机制的相对绩效契约为基础，整合不同的绩效评价指标与绩效评价方法，构建不同维度的绩效评价体系，促进绩效评价机制创新，支持组织绩效目标的实现。

6.1　网络组织的绩效目标

企业管理目标应与企业利益主体有关，评价企业的绩效应以企业价值最大化为核心（陆庆平，2006）。在网络组织结构下，客户、员工、股东、供应商、合作方等利益相关者的目标更加统一，企业的目标转变为利益相关者价值最大化，利益相关者共同关注市场需求，共同参与价值创造和价值分享。

Freeman（1983）为利益相关者给出了一个较为完善的定义："能影响企业目标实现或可能受到企业目标实现所影响的组织和个人"。利益相关者包括客户、员工、股东、供应商和相关社会团体等。利益相关者理论认为，企业是由利益相关者构成的系统，企业的目标在于实现利益相关者价值最大化。企业的本质是企业利益相关者的集体选择，利益相关者通过集体选择确定他们的共同利益，对这种共同利益的追求决定了企业的目标（王竹泉，2008）。

在这种背景下，网络组织需关注不同利益相关者的价值贡献与价值实现，平衡不同利益相关者的目标，构建基于利益相关者价值最大化的新型绩效评价体系，如图 6－1 所示，持续激励组织成员主动挑战和达成高绩效目标，根据价值创造和贡献进行绩效评价，促进利益相关者之间相互合作，共同创造和分享价值。

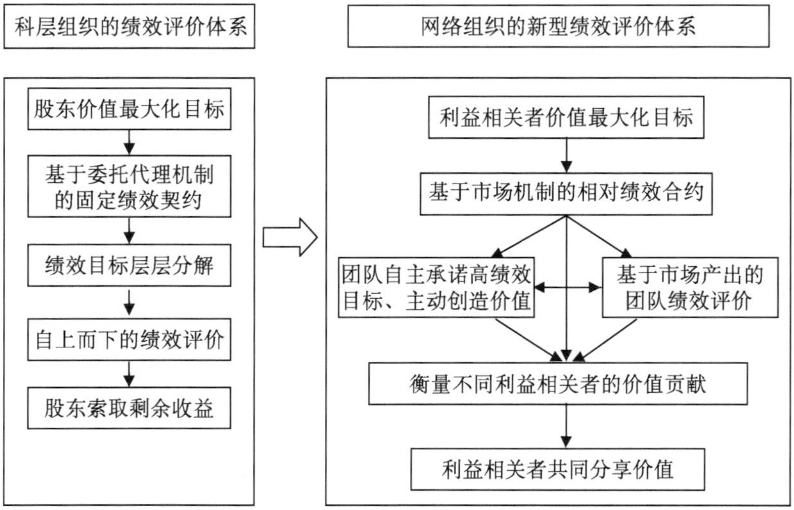

图 6－1　网络组织基于利益相关者价值最大化的新型绩效评价体系

6.2　网络组织的绩效评价指标创新

有效的绩效评价指标能提供有关个体对组织价值（目标）贡献的准确、有价值和及时的信息，更好地衡量组织成员的价值贡献，提升企业价值。网络组织建立多维度的绩效指标体系，平衡战略绩效与经营绩效、财务绩效与非财务绩效、长期绩效与短期绩效，关注客户价值、员工价值、股东价值和其他利益相关者价值，实现多维度的平衡，让员工了解他们的行动如何影响绩效和价值创造。同时，网络组织根据外部环境变化以及战略与组织结构的调整对绩效指标进行动态优化。

1. 战略绩效与经营绩效指标的融合

经营绩效评价主要用财务指标和运营指标来衡量经营者的业绩。战略绩效评价以战略为导向，主要对企业战略的实施效果进行评价，衡量战略的有效性以及战略目标的实现程度，将企业的战略和目标清楚地传递给每个员工，使他们充分理解与承接企业的战略，按照企业的战略方向行动，促进企业战略目标达成。

战略的制定与执行过程需要包括营销、生产、人力资源管理和会计等的贡献与支持，这就需要每个流程具有潜在的战略性（Chenhall and Langfield－smith，2007）。流程的战略导向能保证每个流程的运营绩效与组织的战略目标保持一致，提升组织绩效的战略性。例如，生产流程应该从设计阶段就考虑如何显著降低生产时间和成本。

战略导向的绩效是指符合组织战略方向、采取正确的战略路径所达成的绩效，是用“正确的方法”做“正确的事”实现的绩效，既关注绩效的“量”与结果，又关注绩效的“质”与实现过程，促进组织成员共同聚集战略，富有战略性地创造价值，提升企业的长远价值与竞争力，支持组织战略的成功。

2. 财务绩效与非财务绩效指标的融合

为减少财务评价指标的问题，许多公司在财务评价指标的基础上增加了其他指标，包括非财务评价指标以及上级的主观评价（Ittner et al.，2003）。非财务指标包括客户满意度、质量、响应速度、员工满意度、按时交付等。同时，非财务指标评价从事后评价转变为驱动员工持续提升绩效。比如，生产流程的绩效评价从传统的计量成本及其差异转变为控制成本的动因，让员工实时改进绩效。通过评价和提升非财务绩效，有利于财务绩效的实现。

3. 基于全价值链产出的绩效指标评价

传统的责任中心主要基于可控原则评价业绩，责任中心只关心其可控的指标，如收入中心主要关注收入，成本中心主要关注成本费用，而忽略全流程的绩效指标（如利润、价值增值、客户满意度等），不利于组织内部的协同与全价值链绩效产出的提升。比如，传统的销售部门的主要评价指标为销售收入，很可能导致销售人员采用低价策略等不创造价值的手段实现销量目标，而不关心组织的利润、客户满意度等指标，更不关心其行为是否符合组织的竞争战略。

网络组织构建以客户为中心的跨边界自主团队，团队成员对全流程的价值产出与战略绩效负责，根据团队在市场实现的收入、利润、客户满意度与市场竞争力等全流程绩效指标进行团队绩效评价，有利于实现成员的目标统一，避免影响企业价值与长远竞争力的不当行为。为了避免团队成员的“搭便车”行为，团队成员相互承诺、相互协同与相互监督，共同提升团队绩效。

6.3 网络组织的绩效评价方法创新

网络组织整合应用不同的绩效评价方法，减少单一绩效评价方法的扭曲效应，提升绩效评价的公平性和有效性，更好地衡量组织成员的绩效和价值贡献。

1. 主观绩效评价与客观绩效评价的整合

网络组织整合应用客观绩效评价与主观绩效评价（Subjective Performance Measurement），充分发挥各自的优点，减少单一方法的不足。

传统的客观（量化）绩效评价容易导致几个问题。一是短期导向，管理者通常只关心那些被评价的项目，而忽略其他“重要但不评价”的项目，比如为实现短期利润而损害长期客户关系（Gibbs et al.，2004）。二是绩效指标容易被操纵，由于员工通常比上级掌握更多有关外部环境的信息，量化绩效指标经常易被员工操纵（Ittner et al.，2003）。三是不全面，量化绩效指标特别是会计指标对员工付出的某些方面不能适当反映（甚至完全忽略），容易导致绩效扭曲。激励体系应适当平衡员工的不同工作维度（Kaplan and Norton, 1992)，而员工的合作精神、创新能力等无法简单通过量化指标进行衡量。

许多组织将薪酬建立在绩效的基础上，即实行绩效薪酬（Pay-for-Performance）。然而，如果绩效评价和激励机制设计不合理，员工可能会采取不正当行为以获取更高的薪酬，这些行为将影响组织的长远价值。导致员工行为失调的不是绩效薪酬机制本身，而是“扭曲的绩效评价”。因此，需要将客观绩效评价与主观绩效评价整合，以减少绩效评价的扭曲效应。

理想的绩效评价指标应反映员工对组织的价值贡献，包括对提升经营绩效的静态效果，以及当前活动对长远价值的动态影响。主观绩效评价对员工发现和开拓市场机会的努力（而非简单的结果）进行奖励，鼓励员工参与战略活动（Hansen et al., 2003）。

网络组织充分鼓励员工创业、创新与创造价值的行为，激发员工的企业家精神，促进员工面向未来探寻新机会、培育新动能、开发新产品，提升企业未来的增长动力与价值创造能力。员工的创业创新精神与行为难以通过传统的量化绩效指标衡量，但可以通过创新项目、奖项等进行评价和激励。

主观绩效评价能让绩效评估者利用绩效期间的所有相关附加信息，实现组织利益和员工利益的统一，减少员工对业绩操纵的动机和能力（Gibbs et al., 2004）。主观评价对组织的好处在于提升组织的激励协同，对员工的好处在于减少员工的风险。

网络组织整合应用主观绩效评价与客观绩效评价方法，能发挥更好的效果。为了让主观绩效评价有效，评价者应做出公平、无偏见的评价，被评价者应同等接受这种评价（Hansen et al., 2003）。

2. 绝对绩效评价与相对绩效评价的整合

绝对绩效评价需要确定每个成员的精确的绩效和产出水平，在此基础上进行绩效评价，对应的是个体激励。然而，组织难以精确度量每个成员的个体绩效。为此，网络组织可以整合绝对绩效评价与相对绩效评价方法，更好地衡量绩效，激励组织成员持续提升绩效。

相对绩效评价（Relative Performance Evaluation，RPE）是一种将同市场或同行业其他竞争者的平均业绩作为管理层业绩评价标准的绩效评价机制，能更客观地评价、激励管理层。

相对绩效评价比传统的绩效评价方法有了很大改变，组织不再用事前预设的内部目标作为标准进行绩效评价，而是根据团队的绩效相对行业最佳标杆及其他团队的水平进行评价（Hope and Fraser，2003）。相对绩效评价的优点包括三个方面：首先，相对绩效评价能减少传统的上下级博弈，其出发点在于“别的公司与团队能达到的绩效目标，我们也应达到”；其次，相对绩效目标根据外部市场环境变化动态调整，减少了不可控因素对绩效评价的影响；最后，相对绩效评价更准确与公平，能提升目标的激励作用。

相对绩效评价的方法很多，比如，企业采取首位奖励机制或末位淘汰制度。通过企业之间、经营单元之间、团队之间、员工之间的绩效对标比较，进行相对绩效评估，促进经营单元、团队与员工之间相互学习、相互超越，通过同伴压力激励经营单元和团队实现高绩效。相对绩效评价机制能降低监督成本，提升激励效果，促进员工自主管理。

为了有效应用相对绩效评价方法，需要有效的信息系统提供有关市场标杆、行业、对手和不同团队的绩效数据信息。影响相对业绩评价应用的部分原因在于很多公司缺乏很好的相对绩效数据信息（Hansen et al.，2003）。网络组织广泛应用信息技术，能更准确、快捷、低成本地获取行业、对手、各团队的绩效信息，为相对绩效评价的有效应用提供技术条件和信息基础。在组织内部，团队之间、经营单元之间可以进行绩效排序和对标评价。在组织外部，将企业的绩效与市场最佳标杆、对手和行业的绩效水平进行对比，促进组织成员持续挑战高绩效目标，动态提升绩效水平。

3. 从静态绩效评价转变为动态适应性绩效管理

绩效评价的目标在于促进组织战略目标的达成与绩效持续改进。传统的静态绩效评价主要进行事后评价，缺乏对绩效的动态优化。随着外部环境的快速变化，静态绩效评价不能及时提供有效的决策信息支持。

网络组织构建动态适应性绩效管理体系，促进管理者动态评估战略绩效和运营绩效目标的达成效果，及时根据外部环境变化调整经营战略，提升组织绩效。信息化技术为网络组织动态反映不同团队、业务、产品和客户的绩效成为可能，有利于网络组织进行动态绩效管理。通过市场对标与内部对标，有利于组织成员动态分析与最佳标杆的绩效差距和原因，及时采取改进措施，动态创新产品与服务，持续提升绩效。

动态绩效管理有利于提升组织的绩效和动态能力。超越预算圆桌会议（BBRT）提出了适应性绩效管理（Adaptive Performance Management）的原则，包括流程原则和领导力原则（Bunce, 2004）。其中，适应性绩效管理的流程原则包括六个方面：一是目标原则，应基于绩效的持续改进设定有竞争力（Aspirational）的目标，而非固定的年度目标；二是薪酬原则，基于相对绩效目标（而非固定的年度目标）以及共享的成果进行薪酬激励；三是计划原则，让计划成为致力于达成组织目标的全员参与的持续过程，而非一个静态的年度事项；四是控制原则，基于相对关键绩效指标和绩效趋势（而非基于实际和计划的差异）进行控制；五是资源配置原则，基于达成组织绩效目标的需求配置资源，而非根据年度预算分配资源；六是协调原则，通过组织内部跨流程的动态交互（而非通过年度计划和自上而下的过程）进行协调。

超越预算圆桌会议（BBRT）提出的适应性绩效管理的领导力原则包括：第一，客户原则，让每个员工关注客户的产出和价值，而非仅关注达成内部设定的目标；第二，责任原则，建立由对绩效结果负责的团队所构成的网络组织，而非集权的科层组织；第三，绩效原则，以市场竞争取胜作为成功的标准，而非以实现内部目标为标准；第四，行动分权原则，让团队具有行动的自由和能力，而非要求团队按计划执行；第五，治理原则，基于清晰的价值观和风险边界（而非详细的制度和预算）进行治理；第六，信息原则，向更多人提供开放和共享的信息，而非将信息局限于提供给那些“需要了解的人”使用。

6.4 网络组织的绩效评价视角创新

网络组织由具有不同目标的行为主体构成，是一个多目标的系统，对其绩效的衡量需从不同角度展开，在适应性和创新性的基本要求下，开发能有效衡量网络组织绩效的工具（李维安等，2014）。

网络组织构建多维的绩效评价体系，从价值网络、企业、经营单元、团队、流程、产品、客户、员工等不同维度进行绩效评价与价值衡量，动态反映不同价值单元为企业创造的价值，衡量每个结点的价值贡献，分析价值的创造过程与创造主体，促进组织更公平地分配价值。网络组织构建以客户为核心的价值网络，驱动组织成员与外部利益相关者共同围绕客户需求协同合作，共享目标和资源，共同创造与分享价值，提升企业生态圈网络的价值与竞争力，实现利益相关者价值最大化。

1. 价值网络

传统的价值链（Value Chain）把企业的研发、采购、生产、销售、服务等作为一个增值的链条进行管理。价值链仍以企业和产品为中心，关注的重点在企业内部。

随着社会化商务的发展，传统价值链逐步演变为虚拟价值链，再进一步演变为柔性价值网，各企业和消费者是柔性价值网的结点，各网络结点在持续地链接、互动和重构过程中实现价值共创（杨学成和陶晓波，2015）。

价值网络（Value Network）是由客户、供应商、竞争对手等利益相关者之间的动态交易而形成的价值生成、分配、转移与使用的价值共享系统（Allee，2008）。价值网络不是一条纵向的价值链，而是纵横交错的网络体系。各利益相关主体都可以进入价值网络体系，提供各自的优势资源和价值贡献，增加网络的整体价值，同时分享增值。价值网络的各参与主体相互影响、互为依存，形成具有自适应性、自调节性和自组织性的经济联合体，即商业生态系统（简兆权和曾经莲，2018）。在价值网络下，跨界协同成为企业新常态，价值活动的载体由价值链转向价值网，更强调交互式网络关系、互补性资源整合与协同效应（江积海，2014）。陈占夺等（2013）认为，合作与竞争是企业成功不可或缺的两个侧面，价值网络强调竞争与合作的双重性，竞争仅解释了企业间的价值分配关系，而合作则更强调价值创造。

网络组织的管理控制系统需要关注价值网络的价值创造和分享过程，对不同结点的价值贡献进行评价和激励，提出价值提升的决策建议。

随着市场环境的变化，企业价值创造从以产品为主转变为以客户需求为主，企业之间逐渐形成了以客户需求为核心的价值网络（谢志华和敖小波，2018）。管理会计要获得整个价值网络的相关信息，对每个经营单元的价值创造情况和整个网络体系创造价值的协同效率进行分析，发现问题、找出对策，从而增加整个网络的价值。

进入互联网时代，企业的价值更多由市场和用户驱动，只有得到市场和用户的认可，才能更好地实现企业的价值。根据梅特卡夫定律（Metcalfe's Law），网络的价值与网络用户数量的平方成正比。因此，企业需持续开发用户资源，创造用户价值，实现企业价值。

2. 团队等经营单元的绩效评价

网络组织衡量团队等经营单元的绩效和价值产出，根据团队的绩效进行激励，鼓励员工持续提升绩效和创造价值。通过对不同团队的绩效进行动态评价、内外部对标和激励，对组织和员工都是有利的。

首先，对组织而言，团队绩效评价有利于组织了解不同团队的绩效水平和价值贡献，从而将资源和机会优先配置给高绩效团队，提升资源的利用效率。同时，对高绩效团队进行高薪酬激励和价值分享，鼓励团队竞相提高绩效，促进团队之间相互学习和相互促进，形成价值创造的组织文化。

其次，对团队而言，团队绩效评价有利于团队成员及时了解团队的经营成果以及绩效水平，促进团队动态优化经营计划和资源配置，持续改进和创新，提高团队绩效，激励团队成员达成绩效目标。团队绩效评价有利于团队成员相互协作，共同满足客户需求，为客户创造价值，提升市场产出和竞争力。

最后，网络组织根据团队绩效进行团队激励，具有很强的激励作用。团队绩效更容易观察与衡量，有利于提升团队的绩效，团队绩效评价能为团队成功提供整合的信息基础。如果不能准确衡量团队绩效，将无法激励员工按组织的目标行动（Towry，2003）。

3. 流程、产品的价值衡量

从流程的维度，网络组织构建跨功能自主经营团队，对团队实现的销售收入、利润等全价值链的产出以及客户满意度负责，有利于促进组织成员跨边界合作，提升价值创造。网络组织在关注全价值链绩效产出的基础上，关注采购、生产、营销、研发、服务等不同流程结点对企业的价值贡献，包括对市场需求的响应速度、产品和服务创新能力、资源利用效率、成本控制与质量管理水平等。一方面促进各结点有效协同，另一方面促进各结点持续提升竞争力与价值贡献，促进结点之间相互承诺，共同创造和分享价值。

从产品的维度，网络组织对不同产品的价值创造进行衡量与评价，分析不同产品的收入、利润、客户满意度等指标，促进企业持续优化产品组合与资源配置，提升产品的价值贡献，优先将资源配置给价值创造能力高的产品。

4. 客户价值的衡量

进入 21 世纪以来，企业的一切价值管理活动已经转向客户价值经营，即通过为客户创造价值来获得企业的价值增值（冯巧根，2015）。客户是企业价值的源泉，不同的客户给企业创造的价值有所不同。衡量客户价值有利于分析客户的满意度和利润贡献，从而对产品、服务、流程等进行改进，持续提升客户价值与组织绩效。对市场和客户价值的绩效衡量，主要包括客户满意度、客户价值、品牌价值的衡量以及客户导向的会计等方面（Chenhall and Langfield - Smith，2007）。

顾客价值是指顾客通过购买商品所得到的收益和顾客花费的成本的差额，可用顾客增加值（Customer Value Added，CVA）来衡量。顾客增加值 = 顾客感知效用 - 价格。只有当产品满足甚至者超出了顾客的需要，顾客对产品的感知价值超出了其支付的价格，顾客才愿意购买该企业的产品。顾客价值还可以采用顾客终身价值（Customer Lifetime Value，CLV）进行衡量。顾客终身价值是指顾客终身与企业交易对企业贡献的净利润或净损失。研究认为，长期顾客能比短期顾客给组织创造更多的利润，主要原因是忠诚顾客能带来溢价、增加收入、介绍新的顾客、降低顾客维护成本等（Reichheld，1996）。企业的利润、客户满意度与员工的能力、员工满意度有强相关的直接联系，特别是利润与客户忠诚度之间、员工满意度和客户满意度之间存在最强的联系（Heskett et al.，

1994）。

为提升客户价值，网络组织鼓励员工主动面对市场，为客户创造价值，提升客户满意度，员工根据团队的价值创造进行价值分享。团队成员对不同客户的需求进行分析，持续推动产品、服务、流程的创新，提升客户满意度。同时，利用互联网和信息化平台，营销人员和研发人员事前与用户充分交互，了解用户的个性化需求，吸引用户参与产品和服务的个性化设计，用户从传统的购买者转变为企业的产品交互者与品牌传播者。营销、研发、生产、供应商等成员协同合作，根据市场需求进行创新，实现按需设计、按需生产和按需服务。基于精准的客户价值分析和零距离的客户关系管理，网络组织的营销流程从传统的大众营销转变为精准营销，生产流程从大规模制造转变为大规模定制，提升客户线上到线下（OTO）的全流程满意度，有利于提升组织的价值创造能力与市场竞争力。

5. 不同利益相关者的价值衡量

网络组织以利益相关者价值最大化为目标，关注客户、员工、股东、供应商等各利益相关者的价值，构建基于利益相关者的绩效评价体系。王竹泉（2003）提出，“创建一种既能够全面揭示企业总体价值增值的形成过程和分配状况，又能够对各类权益主体所享有的权益做专门揭示的财务报告模式”。

网络组织需要衡量不同利益相关者对组织的价值贡献以及能分享的价值，促进利益相关者形成价值生态圈，共同创造与分享价值。

6. 员工价值与人力资本的衡量

进入知识经济时代，员工的创造性以及人力资本成为企业提升可持续竞争优势的关键。网络组织不仅关注有形资产的价值，更关注人力资本等无形资产的价值。有效的财务报告应体现无形资产的价值，如企业的新产品开发能力、员工的积极性、客户的忠诚度等，而这些通常被排除在企业的资产负债表之外，成为表外资产（Off Balance - sheet Assets），其实这些资产正是企业成功所需的关键因素（卡普兰，2007）。

智力资本与有形资本共同创造价值，特别是对科技企业而言，员工的智力资本对提升企业价值尤为重要，是组织长远竞争优势的源泉，需要衡量人力资本的价值贡献与价值分享。Marr 和 Adams（2004）认为，无形资产是重要的战略资源，包括人力资本（Human Capital）、关系资本（Relational Capital）和组织资本（Organizational Capital）。人力资本与员工的技能、资质和态度有关，关系资本指的是组织与所有主要利益相关者的关系，组织资本包括组织的显性知识、智力资产、规则和方法等。随着知识经济的深入发展，企业的智力资本等无形资产比重逐步提升，需要关注和提升人力资本的价值。

传统的员工绩效评价通常采用 360 度绩效评价，通过上级、同事、下属等多维度进行绩效评估。然而，360 度绩效评价存在不足，比如，不同来源的绩效衡量可能会导致衡量过于宽泛；同时，评价者可能采用相同的评价指标但给予不同的权重（Chenhall and Langfield - Smith，2007）。

网络组织对团队更多采用市场绩效评价，即根据团队的销售收入、利润、客户满意度等市场产出衡量团队的绩效，更公平有效。网络组织将员工的成长与发展作为重要的目标之一，强调为员工搭建一个有利于其发展和实现自我价值的平台，提供公平的成长机会和激励机制，促进员工的学习、创新与成长。同时，网络组织奖励员工的创新行为和价值贡献，实现员工价值与组织价值的双赢。

网络组织构建多维绩效评价与价值衡量体系，动态反映不同价值单元和组织成员为企业创造的价值，分析价值的创造过程与创造主体，促进组织更公平地分配价值。如图 6 - 2 所示。

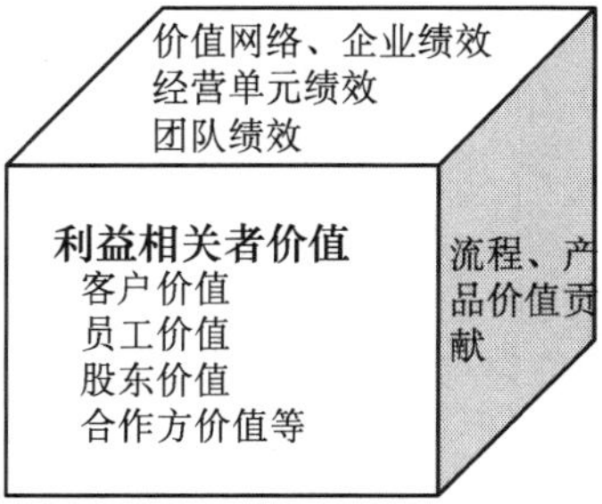

图 6－2　网络组织的多维绩效评价与价值衡量体系

6.5　网络组织的绩效评价机制创新

网络组织根据外部环境变化动态优化绩效评价机制，创新整合应用战略绩效评价、市场绩效评价、团队绩效评价等不同机制，创新员工的工作设计，激励组织成员持续提升绩效与创造价值，达成组织的战略和目标。

6.5.1　战略绩效评价

网络组织通过构建战略绩效评价体系，促进组织战略与绩效目标的达成。战略绩效评价系统（Strategic Performance Measurement System，SPMs）能协助组织确定达成目标所需的战略，同时将目标设定、决策、绩效评价和激励等与战略目标的实现统一起来（Ittner et al.，2003）。

战略绩效评价系统将组织的目标、战略与绩效评价系统联系起来，其特征是将战略与绩效评价系统、运营系统、人力系统、信息系统、客户、供应商网络以及价值链进行整合（Chenhall，2005）。战略绩效评价体系有利于将组织的战略转化为员工的目标与行动，实现长期目标和短期目标、战略绩效和运营绩效、绩效结果和价值动因的平衡。

网络组织鼓励团队自主参与战略、目标设定、绩效评价和激励机制的设计过程，有利于战略绩效评价体系的有效运行。已有的大多数战略绩效评价系统的问题在于它们从管理者的视角进行自上而下的控制，关注控制工具和技巧的设计（Berry et al.，2009）。平衡计分卡的效果取决于其如何使用，如果平衡计分卡仅仅被用于设定目标和支配基层经理人的行动，它将难以运行（Hope and Fraser，2001）。很多公司的平衡计分卡应用效果不理想，很可能的原因在于这些公司将平衡计分卡作为控制的工具，而非战略沟通、价值管理、激励员工、整合绩效的有效机制，仍从管理者的角度进行自上而下的目标设定、指标设计和绩效评价，员工缺乏积极性和主动性，不能有效达成组织的目标。

网络组织鼓励团队主动参与战略与价值创造的过程，激励团队自主承诺和达成高绩效目标，通过自主团队将战略、目标、决策、绩效评价、激励等系统有机整合，驱动员工战略性地创造价值，同时参与价值分享，促进组织战略目标的达成，提升组织绩效。

战略绩效评价系统有利于将组织的战略转化为可达成的结果。Ittner 等（2003）认为，推进战略绩效评价系统的方法主要有两种：一种最简单的方法是采用财务指标与非财务指标的多样化组合评价；另一种方法是依据权变理论，将战略绩效评价指标与组织的战略、价值动因统一起来。通过将战略与潜在的价值动因联系起来，将目标、资源配置、绩效评价与这些价值动因进行关联，促进战略沟通，动态评价战略目标的实现程度，提升组织绩效与长远竞争力。

战略绩效评价系统有利于驱动员工用符合公司战略方向和长远利益的路径创造价值，实现可持续的绩效。战略绩效评价系统既注重绩效的“外在结果”，更注重绩效的“战略内涵”，实现战略与价值创造的统一。一方面，促进组织成员以盈利和增值的方式实现战略目标，提升企业的价值创造能力。另一方面，促进组织成员以符合长远战略和发展方向的路径达成绩效目标，提升企业的动态竞争能力。

网络组织既衡量经营单元的绩效与价值创造，又衡量组织是否具备持续创造价值以及在市场上获得竞争优势的动态能力，如战略创新能力、产品创新能力、大规模定制能力、资源开放整合能力、机制创新能力等，从而驱动组织成员立足企业战略提升未来的竞争能力，持续创新与创造价值。

战略绩效评价能防止经营单元由于绩效考核的压力采取有悖于企业整体战略和长远价值的行为。比如，假设企业的竞争战略是差异化战略，那么销售人员通过打价格战等方法实现的销售收入就不符合组织的战略方向和长远价值。这种偏离战略的行为不但不能促进企业战略目标的达成，反而会影响企业的价值创造与长远竞争力，导致经营与战略脱节，带来绩效的短期导向。

网络组织的战略绩效评价系统与战略中心型组织紧密联系起来，与组织变革、流程再造和机制创新等实现有机协同，更好地达成组织的战略目标。

首先，从组织变革的角度，网络组织构建战略中心型组织，驱动组织成员围绕战略目标自主协同合作，根据战略绩效与全流程价值产出进行绩效评价和激励。

其次，从流程再造的角度，网络组织鼓励组织成员跨边界协同，共同面对市场，快速满足客户个性化需求，共同提升全价值链的绩效与价值。网络组织的模块化结构与同步流程设计有利于组织快速响应市场变化，提升组织绩效。

最后，从机制创新的角度，网络组织通过创新整合市场机制、自主经营机制、利益相关者价值共创共享机制等，有利于激发组织成员主动承接战略和创造价值，持续提升绩效。

6.5.2　自主经营团队绩效评价

网络组织鼓励团队自主经营和创造价值，根据团队的价值贡献进行团队绩效评价和团队激励，有利于激励员工主动提升绩效。在团队结构下，管理会计系统需提供团队的绩效评价和信息，同时运用多元化的团队绩效评价方法（Scott and Tiessen，1999）。

高绩效与员工的自主性、创业创新精神以及个体对目标的承诺等密切相关。网络组织对团队绩效评价机制进行创新，激励团队主动承诺和挑战高绩效目标，主动创新和创造价值，促进团队持续提升绩效。

1. 团队绩效评价的重要性

Meyer（1994）指出，随着团队结构的广泛应用，需要建立一套新的团队绩效评价系统，由团队自己设定目标、计划和绩效评价方法，支持团队目标和组织战略的实现。

传统的绩效评价通常对员工的个体绩效或者公司的整体绩效进行评价，这两者都存在不足。一方面，个体绩效越来越难以测量，基于个体绩效的评价和激励不利于团队合作，影响组织协同和价值创造。另一方面，传统的基于公司整体绩效的评价往往将其他组织成员的逆向行为和风险转嫁给员工（Baiman and Rajan 1995）。基于公司整体绩效的评价和激励方法容易导致员工“吃大锅饭”，不能准确反映不同团队的价值贡献，不利于激励团队主动提升绩效。

网络组织的成员之间高度依赖与相互协作，共同为绩效和价值创造做出贡献，衡量每个成员的个体绩效是不现实的。因此，需要关注团队的绩效评价，衡量不同团队的价值贡献，激励团队创造价值。

团队绩效评价与团队激励有利于促进团队合作，更好地提升团队的价值贡献，提升对员工的激励作用。一方面，团队绩效比公司绩效更容易将产出与员工的努力联系起来，员工对团队绩效（而非公司绩效）能直接影响和控制。另一方面，基于团队绩效的薪酬机制对员工有更强的激励作用，有利于团队主动提升绩效。从绩效衡量与激励合约的角度，如果不能准确衡量团队绩效，激励合同将不能激励员工按管理者的目标行动（Towry，2003）。

2. 团队绩效的评价维度

Cohen 和 Bailey（1997）认为团队效果（Effectiveness）主要包括产出绩效、成员的态度、行为产出三个方面，产出绩效包括效率、产量、响应时间、质量、客户满意度和创新等，成员的态度包括员工满意度、员工承诺、员工对管理层的信任等，行为产出包括周转率等。团队绩效评价需要兼顾产出结果、过程以及成员的态度与行为等。

Meyer（1994）提出，为了实现团队成果最大化，需对传统的绩效评价系统变革，主要原则包括：第一，绩效评价系统的最终目的是帮助团队，而非让高层管理者控制团队；第二，真正意义的分权团队应自主设计其绩效评价系统，团队在绩效管理体系的设计中起主导作用，高层管理者的作用在于保证团队评价系统与公司的战略统一，管理者需明确战略目标，帮助团队理解其工作如何与战略匹配，同时提供培训协助团队设计和选择自身的绩效评价方法；第三，建立跨功能团队对整个价值链和客户负责，反映整个价值链的绩效；第四，团队应只采用少量的评价指标。

网络组织鼓励团队充分参与绩效评价体系的设计和优化，激发员工主动创造价值和达成高绩效，根据团队的市场产出和价值创造进行绩效评价，能更公平准确地衡量团队的绩效和价值贡献。

3. 自主经营团队的绩效评价

网络组织根据团队的市场产出进行绩效评价，关注不同团队的销售收入、利润、客户满意度等，动态提升团队绩效。团队绩效评价有利于提升绩效评价的透明度、公平性和效率，驱动团队按市场化的方式运转，主动承诺有挑战性的市场目标，提升市场绩效和价值产出，实现市场激励。

同时，为了提升市场绩效，需要快速响应和满足客户需求，构建相互支持的价值链网络，影响其他成员协助实现共享的目标，让客户满意（Simons，2010）。团队绩效评价有利于促进组织成员相互合作，围绕客户需求实现自主协同与资源共享。客户能通过互联网等即时交互手段对产品和服务的满意度进行评价，这些信息能快速传递到销售、研发、生产、服务等组织成员，促进组织成员快速满足客户需求，创新产品和服务，提升客户满意度。

4. 团队绩效的影响变量和实现路径

学者们通常采用输入—过程—产出框架研究团队绩效的影响变量和因素。这种框架认为团队的输入变量会影响团队的过程，从而影响团队的产出。Cohen 和 Bailey（1997）认为，团队效果受到任务设计、团队组成、组织情境以及流程的影响，同时也受到环境因素和组织心理特征的影响，需要整合考虑和设计，以提升团队效果。Stock（2004）提出了团队特征、团队过程与团队绩效的关系，认为团队沟通与合作的强度对团队绩效有正面的影响。

（1）团队的输入变量。团队的输入变量通常包括两类：一方面是团队的特征，如团队的同质性（Homogeneity）、凝聚力（Cohesion）、行为规范、团队规模等；另一方面是团队成员的特征，如成员的技能、态度、行为等。研究发现，凝聚力、自主性和员工导向等团队特征对团队绩效有正面的影响。同时，团队成员的参与度、自觉、专业性、团队导向、创造力等特质对团队绩效有正面的影响，特别是团队导向很重要，即让员工乐于在团队工作（Stock，2004）。网络组织构建一种客户导向、主动参与价值创造与价值分享的新型自主经营团队，充分激发员工的企业家精神。同时，网络组织构建高度信任合作与创业创新的组织文化，有利于提升团队成员的创新力和创造力，促进组织绩效目标的达成。

（2）团队的过程与调节变量。团队成员之间的交互过程包括沟通、合作与冲突。团队沟通与合作的强度对团队绩效有正面的影响（Stock，2004）。通常的团队调节变量包括环境特征、组织特征和团队外部关系特征。网络组织通过结点化的结构设计以及跨功能团队实现全价值链协同，促进组织成员目标统一、自主协调合作，共同提升绩效。同时，网络组织的柔性结构有利于更好地适应外部环境的变化，整合外部合作方的资源，为团队提供更开放的资源和机会，促进团队绩效的提升。

（3）团队的产出。对团队产出变量的研究主要关注结果绩效（效率、效果）和心理绩效（工作满意度等）。网络组织鼓励团队直接面对市场和客户，基于团队的市场产出以及客户满意度等进行绩效评价和激励，员工满意度与客户满意度有机关联，团队价值与客户价值有机统一。网络组织对团队充分授权赋能，激发团队主动挑战和达成高绩效目标。团队有权自主选择成员、自主设定目标、自主决策、自主配置资源，基于团队绩效进行激励和价值分享，团队能对输入、过程和结果自主负责，有利于提升团队绩效和员工满意度。

5. 团队绩效评价与团队激励的整合

网络组织将团队绩效评价与团队激励有机整合，有利于促进团队主动提高绩效与价值贡献，提升绩效评价和激励的效果。

首先，团队绩效比个体绩效更容易衡量，团队激励也比个体激励更有利于促进组织的合作，能减少传统绩效评价的扭曲和不公平现象。团队成员共同对团队绩效负责，通过团队合作达成绩效目标，高绩效团队将获得高薪酬激励和更好的成长机会。

其次，网络组织鼓励团队之间的横向监督和有序竞争，促进团队绩效的动态优化。网络组织的模块化结构提高了团队及其成员的替代性，团队通过竞争机制动态吸引优秀成员加入，奖励价值贡献高的成员，同时淘汰能力不足的成员。团队之间以及团队成员之间的相互监督和同伴压力有利于促进员工相互超越与主动达成高绩效，进行自我约束，减少“搭便车”行为，激励团队成员动态提升能力和价值贡献，共同实现更高的团队绩效。

6.5.3　基于相对绩效契约的市场绩效评价

传统科层组织的绩效评价体系主要基于委托代理机制，建立在股东对经理人以及管理者对员工自上而下的固定绩效契约基础上，容易导致评价者与被评价者的目标不统一、信息不对称以及博弈对立，不利于激励员工主动达成高绩效。

网络组织构建基于市场对标的相对绩效契约，驱动经营单元和团队根据行业、对手的最佳业绩水平主动设定高绩效目标，授权团队自主经营、自主决策，团队根据市场目标自主配置资源，根据市场变化自主调整经营计划，员工根据团队绩效和价值贡献进行激励和价值分享，激励员工主动创造价值。

1. 从固定绩效契约转变为相对绩效契约

Hope 和 Fraser（2003）认为，组织应从传统的固定绩效契约（Fixed Performance Contract）转变成相对绩效契约（Relative Performance Contract）。固定绩效契约是根据自上而下分解的固定年度目标对经理人进行绩效评价，根据评价结果进行薪酬激励，其特征是固定目标、固定激励、静态资源、刚性计划和集权控制。固定目标导致渐进的思维和有限的增量改善，固定激励难以激发员工主动承担风险挑战有竞争力的目标，刚性计划让员工遵从上级的指令，不主动关注客户价值和市场变化，集权分配资源和集权决策导致资源和市场信息不能有效利用，这些都不利于组织绩效的提升。

Hope 和 Fraser（2003）建议的相对绩效合约包括以下内容：一是由经理人自主设定有竞争力的相对目标（Relative Targets）；二是根据市场机会和需求获取资源；三是授权团队根据市场变化自主决策调整计划；四是团队根据市场绩效获得奖励。这种相对绩效合约的优点在于以下方面：第一，相对目标有利于员工挑战自我，达成有竞争力的绩效目标；第二，基于相对绩效的激励让员工敢于承担风险、持续创新；第三，动态的计划让员工关注价值创造而非执行上级指令；第四，基于市场机会的资源配置有利于提升资源的效率；第五，团队自主决策以及信息共享有利于充分利用市场信息，提升组织绩效。Hope 和 Fraser（2003）提出的相对绩效契约与固定绩效契约的区别如图 6－3 所示。

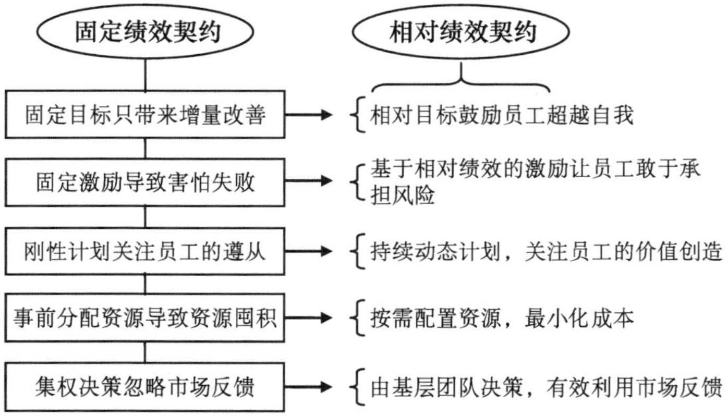

图 6－3　相对绩效契约与固定绩效契约的区别

资料来源：Hope J, Fraser R, 2003. Who needs budgets? [J]. Harvard Business Review, 81 (2): 108－115。

2. 从上级评价转变为市场绩效评价

网络组织根据团队的市场产出和价值创造进行绩效评价和薪酬激励，由上级评价转变为市场绩效评价。市场业绩指标将员工的工作从传统的“让领导满意”转变为“让客户满意”（Dean and Bowen, 1994）。市场绩效评价的过程包括客户与客户价值主张的识别、绩效指标和目标的确定、市场绩效的衡量等。市场绩效指标包括销售收入、利润、客户满意度、价值创造和市场竞争力等。

市场绩效评价有利于激励营销、研发、生产、采购等全流程不同结点的成员共同关注客户和市场产出，实现组织成员的目标统一和自主协调合作，共同为客户创造价值，提升全流程的价值。企业的产品开发部门应对产品的销售收入负责，而销售部门也应对所销售产品的开发成本负责（Dent，1987）。网络组织鼓励用全价值链的市场产出和价值创造指标衡量各经营单元和团队的绩效。

市场绩效评价让员工的注意力从组织内部转向市场，驱动组织成员快速满足市场需求，为客户创造价值，自主应对市场变化，快速抓住外部市场机会，提升市场绩效与价值创造，团队的薪酬激励与市场绩效指标紧密联系。

6.5.4　实现高绩效的工作设计创新

Simons（2005）认为，为了实现高绩效，必须对员工进行有效的工作设计（Job Design）。为完成工作，每个员工需回答四个基本问题：一是为了完成工作我能控制什么资源？二是用什么指标来评估我的绩效？三是为了实现目标我需要影响哪些人且与其交互？四是当我向别人寻求帮助时能获得多大的支持？Simons 认为这分别对应四个工作幅度，即控制幅度、责任幅度、影响幅度和支持幅度，每个幅度可以调整其宽窄，促进绩效提升。如果工作幅度设计合理，可以让优秀的员工成功实现组织的战略目标。相反，如果工作幅度设计错误，任何员工都将很难有效工作。

控制幅度（Span of Control）是管理者所能直接决策和控制的全部资源，不仅包括人员，也包括有形资产、无形资产和信息等（Simons，2005）。宽的控制幅度表明管理者能控制广泛的资源。组织应根据公司向客户提供价值的方式调整不同岗位和经营单元的控制幅度。

责任幅度（Span of Accountability）是指管理者所负责的绩效指标范围（Simons，2005）。在窄的责任幅度下，管理者只对其直接控制的指标负责，如人员费用等。在宽的责任幅度下，管理者对更广的绩效指标如客户满意度和利润等负责，管理者有更多的经营和权衡空间。

影响幅度（Span of Influence）是指员工为了完成目标需要影响其他人的范围（Simons，2005）。在窄的影响幅度下，员工不需过多关注和影响他人就能有效完成工作。而在宽的影响幅度下，员工必须深度影响他人，与他人充分交互，才能更好地完成工作。随着组织日益复杂以及员工之间更加相互依赖，宽的影响幅度变得更加重要。跨边界团队、有挑战力的目标以及跨单元合作等能提升影响幅度。

支持幅度（Span of Support）指的是员工能从组织的其他单元和成员获取支持的程度，客户导向的使命、共享的目标和责任、团队认同、信任、基于团队的激励等能促进员工相互协助，提升支持幅度（Simons，2005）。网络组织以客户为导向，组织成员跨边界合作，共同对全流程的价值产出负责，为了快速满足客户需求和创造价值，团队需要获得其他成员的主动支持，宽的支持幅度非常重要。

Simons（2005）提出的工作幅度设计如表6-1所示。

表6-1　　管理者基于绩效提升的工作幅度设计

幅度	窄的幅度	宽的幅度
控制幅度	减少对具体岗位和单元的资源配置	提供更多的人员、资产和设施
责任幅度	标准化的工作、采用很窄的绩效评价指标（如费用预算等财务指标以及人员数量等非财务指标）	采用非财务指标（如客户满意度）或者更广的财务指标（如利润）等
影响幅度	·员工只需关注他们自己的工作 ·在不同单元间不分摊成本 ·简单的汇报关系 ·基于个体绩效的薪酬激励	采用跨边界团队、虚线汇报关系、矩阵结构、有挑战力的目标、跨单元成本分摊、转让定价等，提升创造动机

续表

幅度	窄的幅度	宽的幅度
支持幅度	个体激励，个体间竞争	通过共同的使命、目标、团队认同、信任及基于权益的激励机制构建共享的责任

资料来源：Simons R，2005. Designing high - performance jobs ［J］. Harvard Business Review，July - August：54 - 62。

1. 传统科层组织基于可控原则的“窄幅”工作设计不利于提升组织绩效

传统责任中心的基础是“可控原则”，即管理者仅考核其所控制的部分（Antle and Demski，1988）。可控原则的基础是控制幅度与责任幅度相当（Simons，2005）。自从可控原则提出以来，员工未被期望进行创新，而是由上级决定工作任务，员工执行指令，在这种命令和控制的世界，员工的工作是标准化和可预测的（Simons，2013）。

传统的可控原则导致员工只对所能控制的绩效指标负责。Simons（2010）认为，科层组织的基层管理者和员工的控制幅度与责任幅度都很窄，员工所能控制的资源很少，同时仅对很有限的绩效指标负责，这种设计不利于激发员工的企业家精神，导致员工缺乏创新，只注重例行工作的完成效率。

传统的科层组织充满边界，不同的功能与部门之间相互独立，员工主要在部门或经营单元内部工作，缺乏跨边界与其他人员的相互沟通、影响与协作。科层组织的员工对其他部门人员的影响能力较弱，同时也很难获得其他部门成员的主动承诺和资源支持，员工的影响幅度和支持幅度都很窄，这些不利于员工充分获取资源提升绩效。科层组织基于可控原则的“窄幅”工作设计如图 6 - 4 所示。

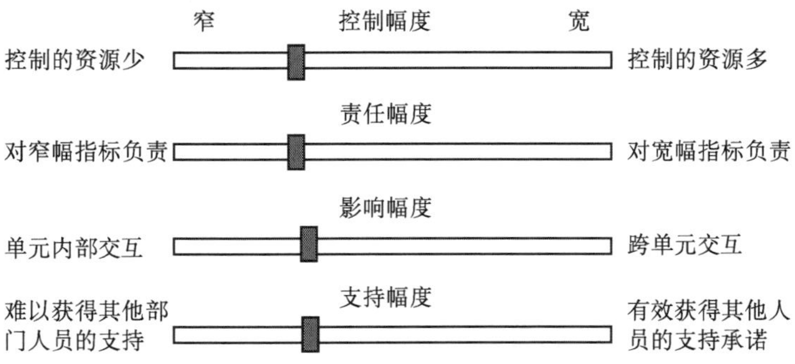

图6-4　科层组织基于可控原则的“窄幅”工作设计

2. 激发员工企业家精神的“宽幅”工作设计有利于提升绩效

员工的企业家精神对提升组织绩效非常重要，有利于驱动员工主动创新和创造价值、主动探索和开发新机会、主动整合资源达成高绩效。

Simons（2005）提出，可以将责任幅度设置成大于控制幅度，即员工在不完全控制所需资源的情况下对超出其控制范围的绩效指标负责，从而激发员工的企业家行为，责任幅度超出控制幅度的区间被其称为“企业家区间”（Entrepreneurial Gap），如图6-5所示。企业家区间能促进员工创新和探索新的市场机会、推动变革和跨边界协作，提升客户满意度。比如，让销售人员对利润和客户满意度等指标负责，将能驱动销售人员主动与其他人员协作、优化产品组合、构建良好的客户关系。

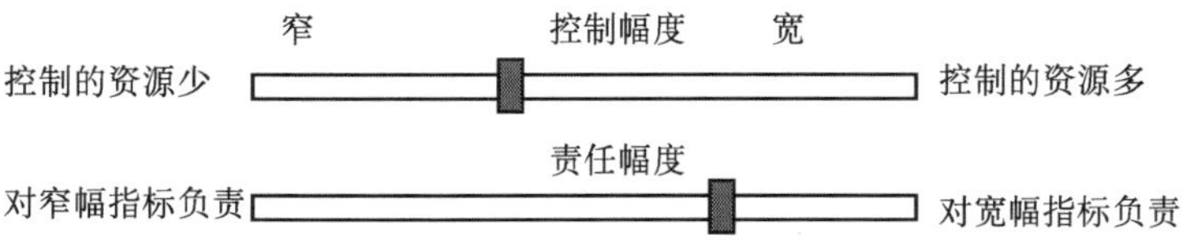

图6-5　企业家区间（责任幅度大于控制幅度的区域）

资料来源：Simons R, 2005. Designing high - performance jobs [J]. Harvard Business Review, July - August: 54 - 62。

网络组织的自主经营团队高度依赖创新与创造，可将其责任幅度设置成大于控制幅度，让团队对利润和客户满意度等更广的绩效指标负责，激发员工的企业家行为，驱动员工主动探索和开发新机会，主动整合资源与跨边界协同，持续创新和创造价值。

3. 网络组织驱动高绩效的工作设计创新

网络组织对自主经营团队的工作设计进行创新，激发员工的企业家精神，激励员工主动创新和创造价值，自主协同合作，持续提升组织绩效。

首先，网络组织的自主经营团队具有更大的控制幅度，能自主支配更多的资源。网络组织通过分权机制，将资源和权力更多下放给团队，团队拥有更大的自主权，包括自主经营权、自主决策权、自主控制权、资源配置权等，有利于团队根据市场变化动态调整经营计划，根据市场需求与产出效果动态优化资源配置，提升资源利用效率与团队绩效。

其次，自主经营团队具有更大的责任幅度，团队对利润、客户满意度、全流程价值创造等绩效指标负责，激发员工的企业家精神，促进组织成员跨边界协同，关注共享的目标和价值，驱动员工主动整合资源、探索新机会和创造价值，快速响应和满足客户需求。Merchant（1987）提出，通过弱化可控原则以及鼓励管理者对超出其所控制范围的绩效指标负责，能提升组织的利益，促进复杂动态环境下的灵活主动行为。

再次，网络组织的成员之间相互依赖与高度信任合作，能更有效地影响其他成员，团队具有更大的影响幅度，有利于提升组织绩效。网络组织的跨边界协同机制、利益相关者合作共赢机制有利于促进组织内外部成员之间的自主协调与合作，共同创造与分享价值。

最后，网络组织的员工能从其他组织成员获得更多的支持与资源，员工具有更大的支持幅度。网络组织的成员基于共同的目标构建跨边界团队与组织间生态圈价值网络，共享目标、资源和价值，自主协同合作，实现高绩效目标。网络组织驱动高绩效的工作设计如图6－6所示。

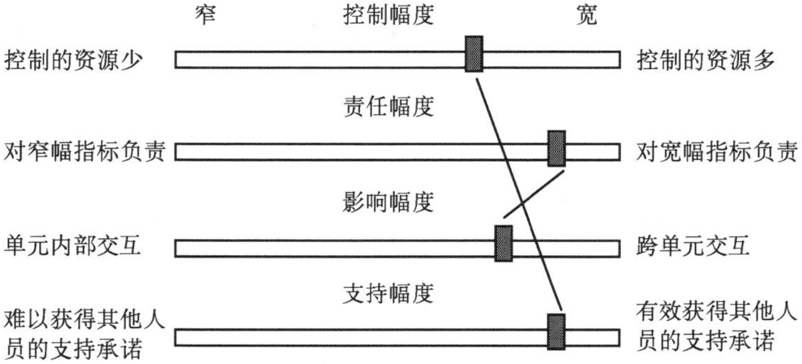

图6－6　网络组织驱动高绩效的工作设计

资料来源：Simons R，2005. Designing high－performance jobs [J]. Harvard Business Review，July－August：54－62，有所改编。

网络组织的自主经营团队拥有更广的绩效目标与自主权，团队能自主设定目标、自主配置资源、自主决策、参与价值分享，有利于激励团队主动提升绩效与创造价值，实现了责任和权利的平衡。网络组织的团队能获得其他组织成员更大的资源与支持。这种机制设计有利于激发员工的企业家精神，提升组织绩效。

6.6　小结：网络组织的新型绩效评价体系的特征

网络组织构建新型绩效评价体系，对绩效目标、绩效契约、绩效评价指标、绩效评价方法和绩效评价机制等进行创新，更好地达成组织的战略和绩效目标，其主要创新包括以下方面。

（1）网络组织以利益相关者价值最大化为绩效目标。网络组织关注客户、员工、股东、合作方等不同利益相关者的价值，促进利益相关者共同创造与分享价值。网络组织的绩效评价体系衡量不同结点与利益相关者的价值贡献与价值分享，促进企业增值在利益相关者之间公平合理地分配，提升企业的长远竞争能力与价值。

（2）绩效评价指标整合创新，促进价值创造。网络组织充分整合财务绩效与非财务绩效、战略绩效与运营绩效指标。既关注绩效结果，也关注员工的创业创新行为。

（3）从静态评价转变为动态适应性绩效管理，促进企业动态适应环境变化、持续提升组织绩效与动态能力。网络组织驱动团队主动挑战高绩效目标、根据市场变化动态优化资源配置、持续提升绩效，注重事前计划、过程评价与持续改进，实现全过程的绩效管理。

（4）绩效评价方法创新，提升绩效评价的公平性与有效性。网络组织整合客观绩效评价与主观绩效评价等方法，鼓励员工主动创业、创新与创造价值。

（5）绩效契约创新，从固定绩效契约转变为相对绩效契约，促进团队主动超越与提升绩效。网络组织基于市场对标和内部对标构建相对绩效契约，激励经营单元根据市场最佳业绩水平设定有竞争力的目标，提升市场竞争力。网络组织鼓励团队主动挑战与达成高绩效目标，根据市场变化动态优化计划，根据市场机会自主配置资源，持续提升绩效和价值贡献。

（6）多维绩效衡量，关注不同结点的价值贡献。网络组织拓展了绩效评价的维度，关注价值网络、企业、经营单元、团队、产品、客户、员工等的绩效与价值创造，构建实时、多维、开放的绩效评价系统，反映不同价值单元与利益相关者的价值贡献，团队能动态了解行业、市场、其他团队的绩效信息，支持团队自主决策和绩效持续改进。

（7）绩效评价机制创新，促进组织实现战略与绩效目标。网络组织整合应用战略绩效评价、市场绩效评价、团队绩效评价等机制，创新工作设计，激发员工的企业家精神，促进组织成员主动提升绩效，达成战略目标。网络组织对传统的可控原则进行变革，授予团队更大的自主决策权、自主控制权、价值分享权，团队对市场收入、利润、客户满意度等全价值链绩效负责，驱动团队持续创造价值。网络组织的成员之间高度信任与相互协同，共享目标、责任和资源，共同为客户创造价值，提升组织绩效。

（8）关注顾客价值、员工价值等无形资产，提升组织的长远价值。网络组织不仅关注股东价值和有形资产，也关注人力资本、客户价值等无形资产，促进员工成长与自我价值实现，提升组织的长远竞争力。

网络组织的新型绩效评价体系与科层组织的传统绩效评价体系的比较如表6－2所示。

表6－2　网络组织与科层组织的绩效评价体系比较

项目	科层组织的传统绩效评价体系	网络组织的新型绩效评价体系
绩效目标	·股东价值最大化 ·刚性的固定绩效目标 ·自上而下设定目标，相互博弈	·利益相关者价值最大化 ·动态的相对绩效目标 ·团队自主承诺高绩效目标
绩效合约	·固定绩效合约 ·基于可控原则，对可控的指标负责，控制幅度与责任幅度较窄 ·强调员工的执行 ·员工获得相对固定的薪酬	·基于市场对标的相对绩效合约 ·团队有更广的绩效指标（利润、客户满意度等）与更大的自主控制权 ·强调员工的创新与价值创造 ·员工根据价值贡献参与价值分享

续表

项目	科层组织的传统绩效评价体系	网络组织的新型绩效评价体系
绩效评价机制	·主要关注运营绩效评价 ·内部绩效评价，关注执行 ·责任中心绩效评价	·整合战略绩效评价与运营绩效评价 ·市场绩效评价，关注价值创造 ·自主团队等经营单元绩效评价
绩效评价指标	·相对单一的绩效指标 ·强调财务绩效 ·过程绩效（如收入、成本、费用等）	·整合的多元绩效指标 ·整合财务绩效与非财务绩效指标 ·全价值链的绩效（如利润、价值创造、客户满意度等）
绩效评价方法	·以客观绩效评价为主 ·以上级评价、360 度评价为主 ·以事后静态评价为主	·融合客观绩效评价与主观绩效评价 ·强调市场评价、相对绩效评价 ·动态适应性绩效管理，持续提升绩效与动态能力
绩效评价视角	·关注企业整体绩效、部门绩效、员工个体绩效 ·更关注股东价值 ·更关注有形资产价值	·关注价值网络、自主经营团队、经营单元的绩效与价值创造 ·关注客户、员工、股东、合作方等利益相关者价值 ·既关注有形资产价值，也关注人力资本、客户价值等无形资产价值
绩效评价与激励的整合	·激励与绩效之间缺乏紧密联系 ·不能有效激励员工	·组织成员基于市场绩效的市场激励、基于价值创造的价值分享 ·激励组织成员共同创造价值，共同分享价值

第7章 网络组织的激励体系创新

激励的核心作用是充分激发员工的积极性、主动性、活力与创造力，提升员工的自主管理意识和企业家精神，驱动员工主动创新和创造价值，更好地达成组织目标，促进员工成长与实现自我价值，实现员工目标与组织目标的统一。知识经济时代，知识员工的比例逐渐提升，员工更关注自我价值的实现，更渴望得到尊重和公平的成长机会，物质激励不是员工关注的唯一因素。

网络组织根据外部环境变化，创新激励契约、激励机制与激励方法，构建基于市场激励、团队激励、内在激励、价值分享的新型激励体系，让员工更大程度地分享剩余索取权和剩余控制权，激发员工的角色外行为，激励员工自主探索和开发新机会，主动创新和创造价值，提升组织绩效。

为提升激励的效果，网络组织将新型激励体系与新型预算管理体系、新型绩效评价体系、组织变革等进行整合设计和创新，实现动态优化。薪酬激励设计需与组织设计（Román，2009）、工作设计以及组织的其他行动（如人力资源实践）结合起来，以提升激励的效果。

7.1 网络组织的激励契约创新

“激励性契约”是企业制度的关键（周其仁，1996）。科层组织主要通过正式的委托代理契约来约定代理人的绩效目标和报酬。然而，由于信息不对称和目标不统一，传统的委托代理契约容易导致较高的代理成本，不能有效激励管理者和员工，激励作用较低。

仅仅依靠薪酬和惩罚无法改变员工的态度和行为。薪酬不应视为“做了 A，得到 B”的固定绩效契约，而应视为基于智力资本的报酬，如同股东投入财务资本获得股利和增值一样（Hope and Fraser，2001）。

内在的、自主形成的动机是人们进行创造活动的内驱（Anderson et al.，2014）。网络组织对激励契约进行创新，将员工视为人力资本所有者，关注员工与组织的心理契约与社会契约，促进员工自主管理，实现人力资本增值，员工通过为客户和组织创造价值，参与价值分享，实现员工的自我价值。

1. 组织与员工之间的多元契约与多重激励

Strebel（1996）认为，个人与组织之间存在相互的义务和承诺关系，这种关系以书面化和隐性的形式进行描述，他将这种关系称为个人契约（Personal Compact），包括三个维度：一是正式契约（Formal Contracts），通过工作描述、雇佣合同、绩效协议等规定员工的任务内容和绩效要求；二是心理契约（Psychological Contracts），主要体现员工与组织关系的隐性部分，包括员工与组织之间基于信任和依赖的相互期望和承诺，尽管心理契约通常未书面体现，但心理契约是员工对个体目标和组织目标进行个人承诺的基础，员工的忠诚度和承诺通常基于管理者对其工作的认可，而非更多的物质激励；三是社会契约（Social Contracts），员工通过社会契约感知组织的文化，了解组织的使命、价值观、目标，理解有关员工发展、决策制定、冲突解决、资源配置、风险共担等方面的非正式规则，社会契约的核心是将员工的行为与组织的价值观统一，提升员工的承诺。

程斌武等（2005）认为，应在组织和员工之间构造一个包括经济、心理、社会的多维度契约，同时基于不同契约设计不同的激励机制，包括基于形式契约的经济激励、基于心理契约的组织激励和基于企业文化的行为激励。

网络组织应在员工与组织之间的正式契约与经济激励基础上，构建员工与组织之间的心理契约、社会契约以及相应的组织激励和行为激励机制，通过组织文化和共同的价值观，激发员工的内在动机和企业家行为，提升员工对目标的承诺，促进员工自我激励和自我约束，主动创新与创造价值，实现员工价值与组织价值的双赢。

2. 基于心理契约和心理所有权的自我激励

心理契约是员工与组织之间未书面化的内在契约（Levinson, 1962）和期望，是维系组织和员工关系的心理纽带。员工与组织的心理契约一旦建立，组织就不需要完全依赖传统的正式契约来运行，有助于降低组织的代理成本和管理成本，提高组织的效率。更重要的是，心理契约有助于形成信任、自主的组织文化，激励员工自主承诺目标，实现自主管理。

网络组织强化组织与员工之间的心理契约，提升员工的人力资本所有者意识，促进员工与组织之间的相互信任与相互承诺，通过薪酬之外的其他因素（如促进员工成长与发展等）激励员工的自主性。

Pierce（1991）提出“心理所有权”（Psychologic Ownership）的概念，认为心理所有权是“一种心理状态，它让个体感觉目标（物质与非物质）或目标的一部分是自己的”。心理所有权能激发员工的责任感和正面效应，提升员工的利他行为和主动负责行为。心理所有权的程度与个体对目标的控制权、知情权和收益权有关。

越来越多的组织推出管理者与员工持股、员工合伙人、员工创客等激励机制，员工从传统的雇员转变为自主管理者，员工具有更大的自主控制权和收益分享权，激发员工如同企业家一样思考和行动，最大化地为客户和企业创造价值，同时参与价值分享。

网络组织的自主经营团队在目标设定、资源配置、计划制定和经营决策等方面具有更大的自主控制权。团队能充分参与战略与管理控制过程，充分参与战略规划、预算管理、绩效评价和激励等过程，从而具有更多的知情权。同时，团队能根据创造的价值参与价值分享，具有更多的收益分享权。因此，网络组织的分权结构与机制创新能有效提升员工的心理所有权。研究表明，员工对组织的心理所有权能更长久有效地激励员工主动创新和创造价值。网络组织通过激发员工的心理所有权，有利于增强员工的主人意识，驱动员工自主采取有利于组织的行动，达成组织目标。

3. 基于组织文化和价值观的行为激励

公司文化与公司业绩之间存在很强的相关性（Guiso et al.，2015）。组织文化具有重要的激励作用。组织应当关注如何基于文化、信任等非正式控制理念，将其应用于公司薪酬激励机制设计中，发挥激励的有效性，研究发现信任可以显著提高薪酬激励效果（王斌和李敏，2021）。

网络组织构建客户导向、团队自主管理、组织成员相互信任、合作共赢、共同创造价值和分享价值的新型组织文化，有利于激发员工的企业家行为，激励组织成员协同创新、共同为客户创造价值。网络组织通过共享的价值观、目标和文化，促进员工采取符合组织利益和价值观的行为，提升组织绩效。

7.2　网络组织的激励方法创新

网络组织将内在激励和外在激励、物质激励与精神激励、基于量化评价的激励与基于主观评价的激励等不同的激励方法整合应用，提升激励的效果。激励的内涵很广，包括上级管理者的认可、财务激励以及长期的职业升迁等（Ferreira and Otley，2009）。

1. 内在激励与外在激励的整合

根据对行为的驱动作用，激励分为内在激励和外在激励（Ryan and Deci, 2000）。内在激励是指个体基于兴趣、快乐和满足从事活动，而非追求特定的结果。外在激励则强调个体为追求特定目的和结果而行动，将工作视为获得报酬的手段，通常表现为基于绩效的报酬。外在激励的作用有时不明显，应更多激发员工的内在激励，强调员工的自我价值实现。内在激励有助于促进组织学习和创造力的提升（Ryan and Deci，2000）。员工“主动做”是内在激励，员工“必须做”是外在激励，它们会产生完全不同的效果。

网络组织通过分权机制和激励机制创新，提升员工的内在激励。一方面，对员工充分赋权，激发员工的心理所有权，促进员工自我激励和自我约束。另一方面，通过市场激励和价值分享机制，激励员工主动提升绩效。

2. 物质激励与精神激励的整合

根据激励的内容，激励分为物质激励和精神激励。将物质激励和精神激励整合运用能促进组织实现更高的绩效。网络组织对员工的创业创新行为进行精神奖励，有利于提升员工的创新意识和荣誉感，激励员工主动提升绩效，形成高绩效和创业创新的组织文化。

3. 基于客观绩效评价与主观绩效评价的整合激励

组织可适当采用主观评价和激励，以减少量化评价带来的激励扭曲和公式化薪酬激励的风险（Gibbs et al.，2004）。

网络组织将基于量化评价的激励与基于主观评价的激励有机整合，减少传统基于固定绩效契约和量化绩效评价的激励扭曲问题，提升员工的满意度和绩效。主观绩效评价与激励在不确定的环境以及执行复杂工作时更为重要。

主观激励是隐性激励的重要内容，比如，通过职务提升、工作安排等进行激励（Gibbs et al.，2004）。基于主观绩效评价的隐性激励合约能强化基于客观绩效评价的显性激励合约（Baker，1994）。

7.3　网络组织的激励机制创新

7.3.1　价值共创与价值共享机制

价值共生、价值共享成为了当今组织的基本特征，价值共生就是链上各方共同创造价值，而价值共享就是链上各方按照各自的价值贡献程度分享价值（谢志华，2021）。

网络组织结构有利于促进企业与外部利益相关方合作，构建以客户为核心的价值网络，快速满足客户个性化需求，共同创造价值和分享价值，提高价值网络的整体价值。客户是价值创造的源泉，应首先为客户创造价值，企业、供应商、合作方等利益相关方根据对整个价值网络的价值贡献参与价值分享。德鲁克认为，企业的目的就是创造客户，也即为客户创造价值。

1. 实现激励相容和公平

有效的激励机制设计有利于激发员工的创新活力和创造力，这是达成组织目标的关键。机制设计理论中的激励相容（Incentive Compatibility）原则认为，理性经济人都有自利的方面，如果设计的机制让个人在追求个体利益的同时也能实现集体利益最大化，这一制度就实现了激励相容。现代经济学理论与实践表明，激励相容的原则能够促进个人价值与集体价值这两个目标函数实现统一。网络组织根据员工创造的价值进行价值分享，有利于促进员工与组织的目标统一，实现激励相容。

基于绩效的激励必须让成员充分了解绩效指标且感觉其是公平的，这样才能有效激励员工（Lawler，1981）。员工往往更关注激励的公平性而非激励本身。“公平”并非“均等”，二者有本质的区别。根据亚当斯的公平理论（Equity Theory），公平是指员工的收益与投入之间的比值相对持续和均衡。公平是多劳多得，多贡献多分享。均等则是平均主义、吃大锅饭。研究发现，均等的奖励分配对组织绩效会产生负面影响，而公平的奖励分配则有利于提高绩效水平（Young et al.，1993）。

实现激励公平的前提是公平地评估和奖励不同团队的贡献。如果一部分团队（成员）比其他团队（成员）贡献了更多价值，那么薪酬分配就应更公平，而非均等（Hoffman and Rogelberg，1998）。

网络组织的激励机制关注“机会公平、结果公平”，促进员工的成长与价值实现。“机会公平”主要是为员工提供公平的成长和发展机会，员工能通过自己的努力和价值创造实现自我价值。“结果公平”主要是根据团队和员工的价值贡献进行激励和价值分享，提升激励效果。

2. 促进员工成长与自我价值实现

促进员工的成长和价值实现是组织的重要目标。网络组织充分关注员工的自我价值实现和个人成长，为员工提供公平的发展机会，促进员工与企业的双赢。

知识员工将个体成长和自我价值实现作为首位追求。根据玛汉·坦姆仆的研究，知识员工最关注的激励因素依次是个体成长（33.75%）、工作自主（30.51%）、业务成就（28.69%）和金钱财富（7.05%）。

员工与组织之间的关系是组织行为研究的重要议题之一。以往的研究大多关注员工对组织的承诺，而忽略了组织对员工的承诺。对此，Eisenberger 等（1986）提出了组织支持理论（Organizational Support Theory）。作为组织支持理论的核心概念，“感知组织支持”是指员工感受到组织对其努力工作的激励、奖赏和认可而形成的关于组织重视其贡献及关注其利益的程度的总体看法。当员工感受到组织重视其贡献与关心其利益时，员工会在工作中表现得更好，对组织进行回报。程序公平、主管支持、组织奖励对感知组织支持产生正向的促进作用。网络组织更强调提供公平的激励机制，关注员工的成长与价值实现，奖励员工的价值贡献和创新行为，提升员工的积极性与绩效。

3. 利益相关者价值共创与共享

网络组织更加关注利益相关者共创价值和共享价值，这种机制有利于驱动利益相关者围绕市场机会共同合作，促进利益相关者的目标统一、资源共享和相互协同。企业与客户、供应商等利益相关者构建价值共赢共享的生态圈与价值网络，提升企业的竞争力与价值。

7.3.2　人力资本所有者分享剩余索取权

人力资本在现代经济增长和现代经济的组织中占据着在以往任何时代都不曾有过的重要地位（周其仁，1996）。网络组织将员工视为人力资本的所有者，鼓励员工通过创造价值实现价值分享，更好地实现自我价值，员工能分享剩余索取权。

Alchian 和 Demsetz（1972）认为，企业是一个拥有剩余索取权（Residual Claim）的核心签约人。用剩余控制权（Residual Rights of Control）来定义企业所有权更准确，即企业的所有者拥有排斥他人使用确定资产的权力（Grossman and Hart，1986）。企业所有权不同于财产所有权，指的是剩余索取权与剩余控制权（张维迎，1996）。

Rajan 和 Zingales（1998）认为，权利不仅源于物质资产所对应的所有权，企业不能完全由非人力资产确定。企业不可能只有一个所有权，企业无非是各种人力资本与其他非人力资本之间的一个市场合约，人力资本的运用只可激励，由企业家人力资本的所有者分享企业经营的剩余（周其仁，1996）。

在知识经济时代，人力资本对组织的发展尤为重要，需要关注人力资本的价值贡献与回报。经理人与员工作为人力资本的所有者，与股东作为物质资本的所有者一样，都有权分享企业的剩余收益，同时具有更大的自主控制权，这有利于激励经理人和员工的企业家才能，主动承诺和达成高绩效目标，创造更大的价值。

员工分享剩余索取权的机制包括团队价值分享机制、管理层与员工持股计划、员工合伙人机制、风险投资等形式，网络组织通过对这些机制的整合应用，提升员工的所有权意识，激发员工的内在动机和自我激励，实现组织价值和员工价值的双赢。

团队价值分享计划根据团队创造的价值进行价值分享，有利于激励团队成员主动提升绩效，持续创新，创造更大价值。

管理层与员工持股计划让管理者和员工分享企业的长远价值，从而激励组织成员关注和创造企业的未来。企业通过持股计划或其他方案能将股价或企业经营业绩与人力资本相关联（葛永波，2007）。

风险投资让物质资本与人力资本的所有者共同成立与公司有关联的创业公司或项目。在这种机制下，人力资本的所有者与物质资本的所有者具有同等的收益权，共担风险和责任。风险投资机制能鼓励具有企业家精神的员工创业，员工甚至可通过个人投资占一定的股份，从而让员工成为创业公司的股东和真正的企业家。

7.3.3 基于团队绩效的团队激励

为了促进团队持续创造价值，网络组织充分赋予团队自主经营权、自主控制权和收益分享权，将自主经营团队打造成权责利统一的价值单元和经营主体，激发团队成员主动承诺高绩效目标，关注市场变化和客户需求，持续提升市场绩效和产出，为客户和企业创造价值。网络组织基于团队绩效进行团队激励，根据团队在市场实现的销售收入、利润、客户满意度等进行绩效评价和价值分享。

如果不对团队进行绩效评价和激励，就无法形成真正意义的团队。研究表明，超过50%的美国与欧洲大公司采用了某种形式的小组激励与团队激励（Brown and Armstrong，1999）。

团队激励具有更强的激励作用和效果。当薪酬与绩效之间的联系得到增强，不确定性将减少（Zenger，2002）。团队薪酬计划有利于激励员工主动提升团队绩效以获得更高的薪酬，提升员工的自主性和团队认同感。网络组织基于团队绩效的团队激励机制如图 7－1 所示。

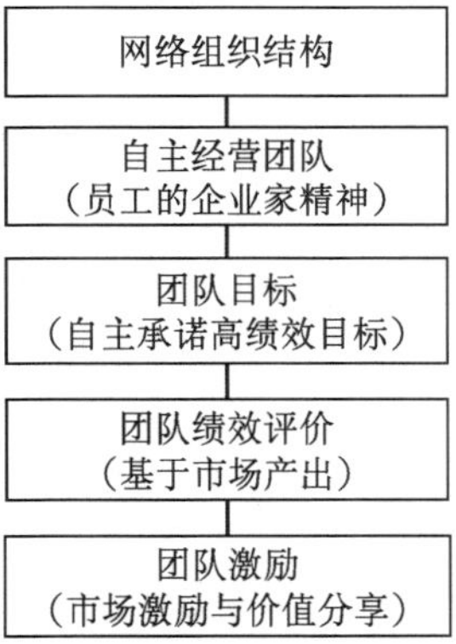

图 7－1　网络组织基于团队绩效的团队激励机制

1. 团队激励的作用

首先，团队激励能减少员工的不确定性，促进团队主动提升绩效。Román（2009）认为，在团队合作的环境下，基于产出目标的薪酬更能提升员工的效果，因为这种机制在团队内部形成了“不完成目标就受到影响”的自驱动的信念。

其次，团队激励能有效促进团队合作，让成员共同关注客户需求，提升团队的市场产出和价值贡献。基于市场产出的团队绩效容易准确衡量，团队成员能通过产品、服务和流程的创新改善团队绩效。团队激励向员工传递了这样一种信息，即员工所在团队的产出由组织进行评价和激励，团队成员的个体利益与团队的整体利益紧密相连。相比而言，传统的科层组织根据员工的行为和投入进行个体绩效评价，同时基于个体绩效对员工进行个体激励，这种机制的激励作用很低（Zenger, 2002）。

最后，基于团队绩效的激励机制有利于对员工进行分类，具有选择效应。那些产出水平较低的人员将可能由于不适应这种基于绩效的薪酬计划而选择离开企业，而那些产出水平较高的人员则被吸引加入企业（Román, 2009）。

群体奖励（Group Reward）包括利润分享计划（Profit - sharing Schemes）、收益分享计划（Gain - sharing Plans）和团队激励计划（Team - based Incentive Schemes）等（Ferreira and Otley, 2009）。群体薪酬机制的演进经历了三个主要阶段，最初采用利润分享计划，然后是收益分享计划，最新的是团队薪酬计划（Zenger, 2002）。尽管群体激励机制可能面临潜在的“搭便车”等问题，但群体激励能创造“所有者文化”（Ownership Culture），这种机制通常是有效的（Merchant and Van der Stede, 2007）。

利润分享计划是指员工根据公司的整体利润（财务绩效）获得奖励，当公司实现一定的利润，所有员工将按一定比例获得均等的奖励。收益分享计划指员工基于公司整体的非财务绩效结果获得奖励，如质量、产量、客户满意度等（Miller and Schuster, 1987），员工能均等地分享公司通过效率提升和质量改善等实现的收益。团队激励计划是指当团队的绩效达到了目标，团队成员将获得事前约定好的奖励。

由于团队无法对组织的整体利润直接控制，利润分享计划对改善团队绩效的效果不明显（Hoffman and Rogelberg, 1998）。利润分享计划和收益分享计划除了对高层经理人有一定激励作用外，这种机制对普通员工的激励价值很低。将员工的薪酬奖励和公司整体的绩效联系起来将给员工带来很多不确定性，很少有激励作用（Zenger, 2002）。

团队激励比利润分享计划、收益分享计划具有更好的激励效果。团队拥有数量较少的成员，团队成员能更有效地影响团队的绩效，团队激励有利于将员工的薪酬与团队绩效相关联，更有利于激励团队提升绩效。因此，需要构建小型化的团队，设定容易衡量的团队产出指标，根据团队绩效进行高效能激励（Zenger，2002）。

2. 团队激励的机制

（1）网络组织更强调横向激励的作用。Towry（2003）研究了团队的两种不同激励机制，即纵向激励体系（Vertical Incentive System）和横向激励体系（Horizontal Incentive System）。在纵向激励体系下，团队成员将其他成员的努力程度报告给上级管理者。在横向激励体系下，团队成员则相互直接影响各自的行为。纵向激励系统假设团队成员单独行动且很少与其他成员协同，而横向激励系统则假设和依赖团队成员的相互合作与协调。

纵向激励系统依赖代理人对其他成员的监督，由代理人将观察结果报告给委托人。然而，员工通常不愿意将360度评价反映给上级或者与激励挂钩（Antonioni and Park，2001）。因此，纵向激励的作用通常不能有效发挥。

横向激励系统依赖团队的自我管理和同伴之间的相互控制，不需要员工向上级报告，而是由团队成员相互协同（Towry，2003）。网络组织鼓励团队自主管理，促进组织成员之间横向协同和相互监督，有利于提升激励的效果。

社会认同理论（Social Identity Theory）描述了个体基于共同特征将自我认同为群体成员的心理过程，员工不再将自己视为一个特别的个体，而是作为群体的代表（Tajfel and Turner，1986）。在网络组织下，团队成员具有较高的团队认同度，能提升团队成员对团队的承诺、满意度与荣誉感，提升团队的凝聚力，促进团队学习与合作。在高度认同的团队，最有效的方法是将控制的责任分权给团队，由团队自主管理（Towry，2003）。网络组织更加扁平化，将团队作为基本的组织单元，鼓励团队自主管理，组织成员之间相互依赖、相互信任、相互监督、相互合作，共同创造和分享价值，有利于促进组织绩效的提升。

（2）同伴压力驱动团队提升绩效。团队激励机制将团队的薪酬与团队的绩效产出相联系，有利于提升团队绩效。然而，员工在团队中工作也可能产生“社会惰化”（Social Loafing）的问题，即由于个体的努力更难识别而导致个体减少努力（Kidwell and Bennett, 1993）。为了避免社会惰化，可以通过团队成员间的相互监督来惩罚偷懒（Shirking），形成“同伴压力”（Peer Pressure），促进共同合作（Kandel and Lazear, 1992）。员工的相互监督能促进管理，同伴压力是有效的控制机制（Barron and Gjerde, 1997）。

网络组织在组织内部引入竞争机制，在不同的团队之间采用竞标和对标机制，驱动团队主动提出有竞争力的目标和计划，高目标和价值创造能力强的团队将优先得到经营机会。网络组织对不同团队的绩效进行排序和内部对标，高绩效团队将得到更多的激励、资源和发展机会，促进团队之间相互超越和相互学习。这有利于在团队之间形成同伴压力，减少“搭便车”的行为。通过了解其他团队的绩效，团队和员工能监控各自的工作进展，评估各自绩效相对于其他团队和员工的业绩水平，那些绩效领先的团队将对落后的团队产生外部压力，促进绩效的提升（Román, 2009）。

在团队激励机制下，团队薪酬在团队成员之间不是简单的平均分配，而应与团队成员的价值贡献相关联，实现激励的公平。团队成员的激励一方面与团队绩效有关，另一方面与团队成员的价值贡献有关。网络组织根据团队成员的价值贡献进行评价和激励，高价值贡献的成员将得到更高的薪酬激励和成长机会，从而提升员工的积极性和主动性，激励团队成员持续提升能力和贡献，协同达成团队的目标，共同为组织创造价值。

7.3.4 基于市场产出的市场激励

网络组织基于团队的市场产出进行高效能的市场激励。组织内部的激励强度通常低于市场激励（Williamson，1991）。传统科层组织的激励缺乏激励效能，员工的薪酬很大程度上取决于级别，员工的个人贡献程度对其薪酬的影响很小（Baker et al.，1988）。

网络组织采取基于市场产出的高效能激励（High – powered Incentives），特别是团队薪酬机制，来替代传统的基于等级的低效能薪酬（Low – powered Pay），从而提升激励效果（Zenger，2002）。

在组织外部，团队直接面对市场与客户，将市场竞争的压力传导给团队和员工，驱动团队持续创新产品和服务，提高客户满意度，提升市场产出和竞争力。同时，网络组织将团队的绩效与外部标杆进行对标，激励团队动态提升绩效。网络组织根据团队的市场产出和价值创造来对团队进行绩效评价和激励，提升激励效果。

在组织内部，网络组织充分引入市场竞争机制，驱动团队竞相挑战和达成高绩效，动态提升团队绩效与市场竞争力。在目标设定过程中，通过内部竞标机制，激励团队成员自主承诺高绩效目标。在激励过程中，高绩效的团队将能获得更多的价值分享、资源和成长机会。同时，通过团队之间的绩效排序与对标评价，激励团队相互超越和学习，持续提升团队绩效和能力。

将激励与市场绩效联系起来有利于促进组织战略目标的达成。市场激励的好处是具有高效能的激励作用，但也应避免可能的短期导向行为。为此，需要在市场激励的基础上，鼓励团队主动承接组织的战略，采取符合公司战略与长远利益的行为，创造可持续的绩效，提升组织的长远竞争力与价值创造能力。

7.4　小结：网络组织的新型激励体系的特征

网络组织对传统的激励体系进行变革，对激励契约、激励机制和激励方法等进行创新，构建基于网络组织的新型激励体系，主要创新包括以下方面。

（1）激励契约创新，促进员工目标与组织目标的统一。网络组织在传统的正式契约与经济激励基础上，更强调员工与组织之间的心理契约和社会契约以及相应的组织激励和行为激励。网络组织将员工作为人力资本所有者，提升员工的心理所有权和企业家精神，激发员工的角色外行为，驱动员工主动创新和创造价值，更好地实现员工成长和自我价值，促进组织价值和员工价值的双赢。

（2）激励机制创新，促进绩效提升与价值创造。网络组织设计激励相容与公平的激励机制，基于团队绩效进行团队激励，根据市场产出进行高效能的市场激励，高绩效的团队将获得更多的激励、资源和成长机会，驱动团队主动挑战与达成高绩效目标。同时，网络组织关注与开发人力资本，让员工分享剩余索取权，提升激励的效果。网络组织关注横向激励，驱动团队之间相互超越、相互监督与对标学习，激励团队持续提升绩效。网络组织激励利益相关者共创价值、共享价值，实现利益相关者价值最大化。

（3）激励方法创新，提升激励效果。网络组织在外在激励与物质激励的基础上，强调员工的内在激励和精神激励，基于客观绩效评价与主观绩效评价进行整合激励，更好地实现员工的自我价值和成长。

网络组织的新型激励体系与科层组织的传统激励体系的比较如表7－1所示。

表7－1　网络组织与科层组织的激励体系比较

项目	科层组织的传统激励体系	网络组织的新型激励体系
激励目标	·股东价值最大化 ·缺乏对员工成长与价值的关注	·利益相关者价值最大化 ·支持员工成长与自我价值实现

项目	科层组织的传统激励体系	网络组织的新型激励体系
激励契约	·基于正式契约的经济激励 ·基于固定绩效契约的固定激励 ·关注员工的角色内行为	·基于多元契约（正式契约、心理契约与社会契约）的整合激励（经济激励、组织激励、行为激励） ·基于相对绩效契约的价值分享 ·激发员工的角色外行为
激励机制	·绩效与激励缺乏联系，忽略公平 ·基于个体绩效的个体激励 ·基于任务执行的内部激励 ·委托代理下的激励约束 ·员工作为雇员获得固定薪酬 ·利益相关者很少参与价值分享	·激励相容与公平的激励机制 ·基于团队绩效的团队激励 ·基于市场产出的市场激励 ·团队自主经营、自我激励、自我约束 ·员工作为人力资本所有者分享剩余索取权 ·利益相关者参与价值分享
激励方法	·强调物质激励 ·强调外在激励 ·强调纵向激励和自上而下的监督	·整合物质激励与精神激励 ·融合内在激励与外在激励 ·强调横向激励和相互监督、相互合作
激励效果	·低效能激励 ·员工被动执行任务 ·不利于提升组织绩效 ·员工满意度与主动性较低	·高效能激励 ·激发员工的企业家精神、创造价值 ·团队主动挑战和达成高绩效 ·员工价值实现，利益相关者价值共赢

第 8 章
结　　语

8.1　研究结论

进入新经济与互联网时代，外部市场环境更加不确定，需要构建网络组织结构和新型管理控制系统，动态适应外部环境变化，快速响应和满足市场需求，更好地达成组织的目标。公司的持续竞争优势不再仅仅依赖于异质资源的保护、技术创新和产品创新，而更依赖于战略创新、组织变革与管理控制系统创新，激发员工创业创新的企业家精神和活力，提高组织的自主适应能力、价值创造能力、创新变革能力、快速响应能力和动态竞争能力。

在互联网时代和网络组织结构下，企业需要注重管理控制系统与新的外部环境、战略和组织结构的匹配，促进战略更新、组织变革与管理控制系统创新的有机融合。基于网络组织的管理控制系统创新研究，具有重要的理论意义与现实意义，有利于丰富互联网时代组织变革与管理控制系统创新的理论和实践。

本书分析了网络组织的结构特征及其对传统管理控制系统的挑战，研究了基于网络组织的新型管理控制系统的框架构建、机制创新和运行机理。本书的主要研究结论如下。

第一，互联网时代需对传统的科层组织结构进行变革，构建有机柔性的网络组织结构，自主适应外部环境变化，更好地达成组织目标。

在互联网时代，外部环境更加复杂多变和不确定，市场竞争激烈，用户需求更加个性化。传统的集权、刚性、封闭的科层组织结构无法动态适应不确定的外部环境，不能快速响应和满足市场需求。传统的基于自上而下命令和控制的管理方式无法激励员工主动创新与创造价值，不利于快速抓住市场机会和达成组织的战略目标。因此，需要构建分权、柔性、有机、自主适应环境变化的网络组织结构，形成以客户为中心、员工自主管理、利益相关者信任合作的价值网络和生态圈，促进组织创新与价值创造。

网络组织以跨边界自主经营团队作为经营单元和价值单元，激发员工的自主管理意识和企业家行为，团队具有更大的自主权，分享剩余控制权和剩余索取权，激励团队自主承诺和挑战高绩效目标，主动创新和开发市场机会，提升团队绩效和市场产出，根据团队创造的价值进行激励和价值分享，提升组织的活力与效率。同时，网络组织构建整合的平台为各经营单元提供共享的机制、规则和资源等支持，促进组织成员合作与创造价值。

第二，基于新的外部环境与网络组织结构，需要对传统的管理控制系统进行创新，构建基于网络组织的新型管理控制系统框架与运行机制，更好地促进组织实现价值创造、创新变革、自主适应环境变化、合规运行等目标。

第三，本书创新构建了基于网络组织的新型管理控制系统框架，研究了网络组织的新型管理控制目标、新型管理控制系统集成、新型管理控制机制、新型管理控制角色，深入研究了网络组织的预算管理体系创新、绩效评价体系创新和激励体系创新，将网络组织的新型管理控制系统与新型战略、新型组织结构和新型组织文化有机融合，更好地实现组织的目标。

网络组织的新型管理控制系统的主要特点和创新如下。

（1）网络组织的管理控制系统有机整合战略规划、管理控制与任务控制，员工广泛参与战略决策、战略执行和运营过程，更好地促进战略目标的达成。

（2）网络组织的新型管理控制目标。网络组织的管理控制目标更加全面与平衡，包括促进组织价值创造、创新变革、自主适应外部环境变化、合规运行等，实现控制与创新、合规与价值创造的统一。

（3）网络组织的管理控制系统集成创新。网络组织的新型管理控制系统包括一个核心系统和四大支持系统，共同实现组织的目标。一个核心系统即"基于价值创造的新型绩效管理系统"，包括新型预算管理体系、新型绩效评价体系和新型激励体系。四大支持系统包括新型网络组织结构（自主适应系统）、新型战略（交互创新系统）、新型组织文化（价值观自驱动系统）、新型运行规则（边界控制系统）。网络组织将不同的管理控制系统和机制有机整合，实现协同创新与相互作用，共同促进组织实现多元的管理控制目标。

网络组织的新型绩效管理系统包括新型预算管理体系、新型绩效评价体系和新型激励体系，主要作用是促进价值创造，提升组织绩效。网络组织的新型绩效管理系统以价值网络和利益相关者价值最大化为目标，以价值共创共享为机制，激励自主经营团队等经营单元主动挑战与达成高绩效目标，实现团队自主经营、自主决策、自主优化资源配置、自我激励，主动创新和创造价值，促进顾客、员工、企业、供应商、合作方等利益相关者价值共创、共享、共赢。

网络组织管理控制系统的四大支持系统主要包括以下方面。

一是新型网络组织结构（自主适应系统），促进组织自主适应外部环境变化。网络组织结构包括跨边界自主团队等组织内部网络结构，以及企业与外部合作方之间的组织间网络结构。网络组织结构有利于提升组织的自主适应能力与快速响应能力，促进组织成员自主经营、自主协调合作，快速响应和满足市场需求，提升组织的效率、自主适应能力与创新变革能力。网络组织结构具有自组织与生态系统特征，促进组织自驱动、自运转、自适应、自创新。

二是网络组织的新型战略（交互创新系统），促进动态交互、战略更新、开放创新。网络组织鼓励管理层、员工等组织成员充分参与战略决策、战略制定与战略执行，达成战略共识，驱动组织成员动态沟通市场变化与新的市场机会，动态评估现有战略的有效性，根据环境变化动态开发新的战略，促进战略有效执行，快速感知市场变化，主动探索和快速抓住新的市场机会。网络组织成员之间共享内外部资源，促进开放创新，提升动态能力和市场竞争力。同时，网络组织的不同结点持续探索和开发新机会，促进组织创新和变革。

三是网络组织的新型组织文化（价值观自驱动系统），促进组织成员目标和价值观的统一，驱动员工主动采取有利于组织的行为，主动创新和创造价值。网络组织的新型组织文化主要包括：以市场为导向、为顾客创造价值的市场文化；团队等组织单元的自主经营文化；员工主动创业创新与创造价值的企业家文化；员工主动挑战与达成高绩效目标的绩效文化；组织内外部成员共创价值与共享价值的激励文化；利益相关者同一目标、信任合作、价值共赢的生态圈文化。新型组织文化有利于统一员工的目标，激发员工创业创新的企业家精神，促进组织成员信任合作、自主协同，共享目标、资源和价值，实现共赢。

四是网络组织的新型运行规则（边界控制系统），促进组织合规与可靠运行。边界控制系统主要包括战略边界与运营边界，其主要功能是让组织成员清楚哪些行为在战略层面与运营层面是不允许的，驱动员工自主约束、自我控制、相互监督，主动规避不利于组织的行为，避免战略风险与运营风险。网络组织根据环境变化动态更新战略，鼓励员工充分参与战略过程，有利于减少战略风险。网络组织为各结点搭建了统一的运行机制、流程、系统和规则，强调共享与共同认同的组织规则、团队规则、网络规则，不同结点和组织成员在网络组织的平台上根据统一的机制、规则有序运行，有利于减少运营风险。同时，网络组织鼓励组织成员之间的自主协调、相互监督与信任合作，提升市场的约束和激励作用，减少信息不对称，促进组织合规运行。

（4）网络组织的预算管理体系创新。网络组织对预算功能、目标设定、计划制订、资源配置等进行创新，从传统的自上而下的刚性预算、固定目标、静态计划、集权决策与集中资源配置转变为柔性预算、相对目标、动态计划、分权决策和团队自主配置资源。网络组织强调预算的决策功能，激励团队自主承诺高绩效目标，鼓励团队根据市场机会和市场需求自主配置资源，将资源优先配置给价值创造能力高的机会、业务和团队，提升资源利用效率。网络组织强调滚动预测与动态计划，快速适应市场变化，鼓励员工主动参与预算，提升预算效率和效果。

（5）网络组织的绩效评价体系创新。网络组织以利益相关者价值最大化为目标，对绩效契约、绩效评价指标、绩效评价方法和绩效评价机制等进行创新，促进企业绩效提升与价值创造。网络组织整合战略绩效与运营绩效、财务绩效与非财务绩效等指标，创新运用战略绩效评价、市场绩效评价、团队绩效评价等机制，融合客观绩效评价与主观绩效评价等方法，促进员工主动提升绩效。网络组织从传统的固定绩效契约转变为相对绩效契约，从静态评价转变为动态适应性绩效管理，创新工作设计，激发员工的企业家精神，激励员工主动达成高绩效。网络组织拓展了绩效评价的维度，关注价值网络、企业、经营单元、团队、产品、利益相关者等的价值创造，关注顾客价值、人力资本等无形资产的价值，驱动利益相关者自主协调与信任合作，共同为客户创造价值，实现价值共创共享。

（6）网络组织的激励体系创新。网络组织对激励契约、激励机制和激励方法等进行整合创新，提升激励效果。网络组织在传统的正式契约与经济激励基础上，更强调员工与组织之间的心理契约和社会契约以及相应的组织激励和行为激励，员工作为人力资本所有者分享剩余索取权。网络组织设计激励相容与公平的激励机制，基于团队绩效进行团队激励，根据市场产出进行市场激励，整合内在激励与外在激励，促进员工主动创新和创造价值，实现员工的自我价值和成长。

（7）网络组织的管理控制机制创新。网络组织创新整合市场机制、自主经营机制、跨边界协同机制、非正式控制等新型管理控制机制，同时保持最低限度的正式控制，更好地实现组织的目标。

网络组织将市场机制引入组织内部，促进团队等经营单元主动关注市场和客户，基于市场对标设定有竞争力的市场目标，基于市场产出进行高效能的市场激励，促进团队等经营单元之间相互超越和主动达成高绩效，实现市场化运转。

网络组织创新构建自主经营机制，激励团队等经营单元主动承诺高绩效目标、自主经营、自主决策、自主配置资源，主动提升绩效和创造价值，根据团队绩效进行团队激励和价值分享，促进员工自我激励和自我约束，提升组织的创新力和创造力。

网络组织创新运用跨边界协同机制，促进组织成员跨边界自主协同合作，同时将企业内部的信任合作机制用于企业与外部合作方之间的生态圈网络，促进不同利益相关者之间协同合作，共享目标、资源和价值，实现共赢。

网络组织强化基于文化、价值观、群体规范、社会关系的非正式控制，弱化传统的正式控制，强调组织成员的相互信任与自主协同，促进组织成员目标的统一。

（8）网络组织的新型管理控制角色。传统的科层组织从管理者的视角设计管理控制系统，强调对员工的“约束”，自上而下对员工进行命令和控制。网络组织从员工自主管理的视角设计管理控制系统，更强调对员工的“赋能”，激励员工主动创新和创造价值。网络组织通过分权和自主经营机制，激发员工的所有者意识和企业家行为，鼓励员工主动探索新机会、创造新资源、提升绩效，促进员工成长和实现自我价值。

网络组织的新型管理控制系统与科层组织的传统管理控制系统有显著不同，实现了从机械控制向有机控制、从单一控制向整合控制、从封闭控制向开放创新、从集权控制向分权赋能、从约束控制向信任合作、从刚性控制向自主适应、从科层控制向网络协同、从合规受控向价值创造的转变。

应该看到，网络组织结构与新型管理控制系统不是对科层组织结构和传统管理控制系统的简单否定，而是结合互联网时代的环境特征，对基于网络组织的新型管理控制系统框架、新型管理控制目标、新型管理控制机制、新型管理控制角色等进行整合创新，动态推动战略更新、组织变革与管理控制系统创新，提升管理控制效率和效果，促进组织价值创造、创新变革、自主适应环境变化、合规运行，更好地实现组织的战略和目标。

网络组织的新型管理控制系统与科层组织的传统管理控制系统的比较如表 8－1 所示。

表 8－1　　网络组织与科层组织的管理控制系统比较

项目	科层组织的传统管理控制系统	网络组织的新型管理控制系统
外部环境	相对确定、简单、稳定	不确定、复杂、多变、竞争激烈
组织结构	·封闭、集权、刚性的科层组织 ·依靠行政协调与控制 ·组织内外部充满边界 ·垂直沟通，效率低下 ·高层管理者集权决策 ·对市场响应缓慢	·开放、分权、柔性的网络组织 ·自组织、自驱动、自适应、市场化运转 ·构建组织内部网络结构（跨边界团队等）、组织间网络结构（企业生态圈等） ·即时的网络交互沟通，提升效率 ·鼓励团队自主决策、自主经营 ·快速响应市场需求，提升动态能力

续表

项目	科层组织的传统管理控制系统	网络组织的新型管理控制系统
组织文化	·基于命令和控制的文化，导致博弈对立 ·缺乏创新和变革 ·不利于员工与企业目标的统一	·以员工企业家精神、自主经营、市场导向、信任合作、价值共赢等为核心，统一组织成员的价值观 ·鼓励员工主动创业、创新、创造价值 ·促进组织成员目标统一
战略	·基于既定的战略，强调战略执行 ·员工很少参与战略管理	·驱动战略动态更新，促进组织战略达成 ·员工参与战略管理，快速抓住市场机会
管理控制目标	·强调绩效管理与合规运行 ·股东价值最大化	·促进组织实现价值创造、创新变革、自主适应外部环境变化、可靠运行等多元管理控制目标 ·利益相关者价值最大化
管理控制系统	·相对单一的管理控制系统 ·以绩效管理系统、边界控制系统为主	集成整合的新型管理控制系统，包括： ·一个核心系统，即“基于价值创造的新型绩效管理系统”，包括新型预算管理体系、新型绩效评价体系和新型激励体系 ·四大支持系统，包括新型网络组织结构（自主适应系统）、新型战略（交互创新系统）、新型组织文化（价值观自驱动系统）、新型运行规则（边界控制系统）
管理控制机制	以科层控制、正式控制为主	创新整合市场机制、自主经营机制、跨边界协同机制、非正式控制等机制，保留最低的正式控制
管理控制角色	·强调对员工的约束和控制 ·员工被动执行	·强调对员工的赋能和支持 ·驱动员工自主经营、主动探索新机会、创新与创造价值

续表

项目	科层组织的传统管理控制系统	网络组织的新型管理控制系统
管理控制视角	·基于管理者视角设计管理控制系统，对员工进行自上而下的控制 ·员工缺乏自主权，很少参与管理	·基于员工视角设计管理控制系统，鼓励员工自我管理 ·员工具有更大自主权，主动参与管理
管理控制权变	封闭理性的管理控制系统，忽略权变	开放自然的管理控制系统，根据环境变化动态优化，与战略更新、组织变革交互促进
预算管理体系	·强调预算的控制功能 ·自上而下分解目标，内部博弈 ·刚性的固定目标 ·总部集权分配资源，资源主要配置给现有业务，资源效率较低 ·集权决策、静态计划 ·博弈、数字游戏、预算松弛	·强调预算的决策功能 ·团队自主承诺高绩效目标 ·基于市场对标的相对目标（动态优化） ·团队自主配置资源，资源优先配置给新机会和高绩效团队，提升资源利用效率 ·自主决策、滚动预测、动态计划 ·信任合作、目标统一、员工参与预算
绩效评价体系	·基于可控原则，责任中心对可控指标负责 ·责任中心绩效评价 ·固定绩效契约 ·单一绩效评价指标，强调财务绩效 ·关注公司整体绩效与员工个体绩效 ·基于任务执行的内部绩效评价 ·关注股东价值 ·关注有形资产价值	·跨边界共享目标、责任与价值，对全流程绩效（利润、客户满意度等）负责 ·跨边界组织的绩效评价 ·相对绩效契约，市场对标、内部对标 ·整合的绩效评价指标（战略绩效与运营绩效、财务绩效与非财务绩效） ·关注价值网络、经营单元、团队等的绩效，衡量不同结点的价值贡献 ·基于市场产出的市场绩效评价 ·关注利益相关者的价值创造与分享 ·关注有形资产与人力资本等无形资产

续表

项目	科层组织的传统管理控制系统	网络组织的新型管理控制系统
激励体系	·激励效果低 ·基于个体绩效的个体激励 ·基于任务执行的内部激励 ·员工作为雇员获得固定薪酬 ·强调物质激励、外在激励 ·基于固定绩效契约的固定激励 ·基于正式契约的经济激励	·激励相容与公平，实现价值共赢 ·基于团队绩效的团队激励 ·基于市场产出的市场激励 ·员工作为人力资本所有者分享剩余索取权，促进员工价值实现 ·整合内在激励与外在激励 ·基于相对绩效契约的价值分享 ·基于多元契约（正式契约、心理契约与社会契约）的整合激励（经济激励、精神激励、行为激励）

8.2　研究局限

本书的研究局限主要有两个方面：

一是研究的网络组织类型的局限。本书主要以在市场竞争的企业作为研究对象，对其他类型的网络组织缺乏研究。

二是研究方法的局限。本书以定性研究为主，缺乏定量研究等其他研究方法。

8.3　未来研究展望

未来将从以下方面持续研究：

一是对其他类型网络组织的管理控制创新进行研究。

二是融合应用更多的其他研究方法，持续丰富研究成果。

参考文献

[1] Berry A J, Coad A F, Harris E P, Otley D T, Stringer C, 2009. Emerging themes in management control: a review of recent literature [J]. The British Accounting Review, 41: 2 -20.

[2] Weber M, 1958. The protestant ethic and the spirit of capitalism [M]. New York: Scribner's.

[3] Weber M, 1978. Economy and society. In: Roth G, Wittich C, eds [M]. Berkeley: University of Carlifolia Press.

[4] Barker J R, 1993. Tightening the iron cage: Concertive control in self - managing teams [J]. Administrative Science Quarterly, 38 (3): 408 -437.

[5] Williamson O E, 1967. Hierarchical control and optimum firm size [J]. Journal of Political Economy, 75 (2): 123 -138.

[6] Miles R, Snow C, 1986. Organizations: new concepts for new forms [J]. California Management Review, 28 (3): 62 -73.

[7] Alstyne M V, 1997. The state of network organization: a survey in three frameworks [J]. Journal of Organizational Computing and Electronic Commerce, 7 (3): 83 -151.

[8] Applegate L M, Cash J I, Mills D Q, 1988. Information technology and tomorrow's manager [J]. Harvard Business Review, November - December: 128 -136.

[9] Scott W R, 1981. Organizations: rational, natural, and open systems [M]. Englewood Cliffs N J: Prentice - Hall Inc.

[10] 姜洪涛，王满，2020. 管理会计工具应用层次：影响因素、整合机制与价值创造效应 [J]. 会计研究 (9)：134-148.

[11] Abernethy M A, Chua W, 1996. A field study of control system "redesign": the impact of institutional process on strategic choice [J]. Contemporary Accounting Research, 13 (2): 569-606.

[12] Malmi T, Brown D A, 2008. Management control systems as a package - Opportunities, challenges and research directions [J]. Management Accounting Research, 19: 287-300.

[13] Merchant K A, Van der Stede W A, 2017. Management control systems: performance measurement, evaluation and incentives [M]. London: Financial Times/Prentice Hall.

[14] 杜荣瑞，肖泽忠，周齐武，赵立新，2008. 管理会计与控制技术的应用及其与公司业绩的关系 [J]. 会计研究 (9)：39-46.

[15] 冯巧根，2014. 基于环境不确定性的管理会计对策研究 [J]. 会计研究 (9)：21-28.

[16] 冯巧根，2015. 管理会计应对环境不确定性的再思考 [J]. 会计之友 (22)：131-136.

[17] 财政部，2016. 管理会计基本指引 [R]. www.mof.gov.cn.

[18] 张先治，2018. 论管理控制理论与实践中的八大关系 [J]. 财会月刊 (15)：3-8.

[19] 张先治，2005. 论内部管理控制系统十要素 [J]. 财会月刊 (10)：2-4.

[20] Otley D T, 2016. The contingency theory of management accounting and control: 1980-2014 [J]. Management Accounting Research, 31: 45-62.

[21] IFAC, 1998. Management Accounting Concepts Revised [R]. www.ifac.org.

[22] 冯巧根，2016. 权变性管理会计：创新驱动的战略选择 [J]. 会计之友 (12)：122-128.

[23] CIMA，2014. Global management accounting principles [R]. www.cimaglobal.com.

[24] Ouchi W G，1979. A conceptual framework for the design of organizational control mechanisms [J]. Management Science，25 (9)：833-848.

[25] Merchant K A，1982. The control function of management [J]. Sloan Management Review，23 (4)：43-55.

[26] Tessier S，Otley D，2012. A conceptual development of Simons' Levers of Control framework [J]. Management Accounting Research，23：171-185.

[27] Anthony R，1965. Planning and control systems：a framework for analysis [M]. Boston：Harvard Business Press.

[28] Anthony R，Govindarajan V，1998. Management control systems [M]. McGraw-Hill.

[29] 安东尼，戈文达拉扬，2004. 管理控制系统 [M]. 赵玉涛等，译. 北京：机械工业出版社.

[30] Chenhall R H，2003. Management control systems design within its organizational context：findings from contingency-based research and directions for the future [J]. Accounting，Organizations and Society，28：127-168.

[31] Merchant K A，Otley D T，2007. A review of the literature on control and accountability. In：Chapman，C S，Hopwood A，Shields M D，eds. Handbook of Management Accounting Research [C]. Elsevier，Oxford.

[32] Otley D T，1999. Performance management：a framework for management control systems research [J]. Management Accounting

Research, 10: 363 -382.

[33] Ferreira A, Otley D T, 2009. The design and use of management control systems: an extended framework for analysis [J]. Management Accounting Research, 20: 263 -282.

[34] Giglioni G B, Bedeian A G, 1974. A conspectus of management control theory: 1900 -1972 [J]. Academy of Management Journal, 17 (2): 292 -305.

[35] Otley D T, Broadbent J M, Berry A J, 1995. Research in management control: an overview of its development [J]. British Journal of Management, 6: 31 -44.

[36] Hansen S C, Otley D T, Van der Stede W A, 2003. Practice developments in budgeting: an overview and research perspective [J]. Journal of Management Accounting Research, 15: 95 -116.

[37] Langfield - Smith K, 2007. A review of quantitative research in management control systems and strategy. In: Chapman C S, Hopwood A, Shields M D, eds. Handbook of Management Accounting Research [C]. Elsevier, Oxford.

[38] Simons R, 1995. Control in an age of empowerment [J]. Harvard Business Review, March - April: 80 -88.

[39] Collier P, 2005. Entrepreneurial control and the construction of a relevant accounting [J]. Management Accounting Research, 16: 321 -339.

[40] Dekker H C, 2004. Control of inter - organizational relationships: evidence on appropriation concerns and coordination requirements [J]. Accounting, Organizations and Society, 29: 27 -49.

[41] Ray C A, 1986. Corporate culture: the last frontier of control? [J]. Journal of Management Studies, 23 (3): 287 -297.

[42] Perrow C, 1986. Complex organizations: a critical essay

[M]. New York: McGraw - Hill Inc.

[43] Chenhall R H, Morris D, 1995. Organic decision and communication processes and management accounting systems in entrepreneurial and conservative business organizations [J]. OMEGA, The International Journal of Management Science, 23: 485 - 497.

[44] Ouchi W G, Maguire M A, 1975. Organizational control: two functions [J]. Administrative Science Quarterly, 20: 559 - 569.

[45] Merchant K A, 1985. Control in business organizations [M]. Boston: Pitman Publishing Inc.

[46] Lebas M, Weigenstein J, 1986. Management control: the roles of rules, markets and culture [J]. Journal of Management Studies, 23 (3): 259 - 272.

[47] 冯巧根, 2020. 管理会计的制度优化与工具创新 [J]. 财会月刊 (22): 3 - 11.

[48] 齐默尔曼, 2000. 决策与控制会计 [M]. 邱寒, 译. 大连: 东北财经大学出版社.

[49] Meyer C, 1994. How the right measures help teams excel [J]. Harvard Business Review, May - June: 95 - 103.

[50] Ryan R M, Deci E L, 2000. Intrinsic and extrinsic motivations: classic definitions and new directions [J]. Contemporary Educational Psychology, 25: 54 - 67.

[51] 陈俊佳, 2003. 企业战略、管理控制与业绩评价的权变分析 [D]. 厦门大学.

[52] Khandwalla P, 1977. The design of organizations [M]. New York: Harcourt Brace Jovanovich.

[53] Chenhall R H, 2007. Theorising contingencies in management control research. In: Chapman C S, Hopwood A, Shields M D, eds. Handbook of Management Accounting Research [C]. Elsevier,

Oxford.

[54] Govindarajan V, 1988. A contingency approach to strategy implementation at the business - unit level: Integrating administrative mechanisms with strategy [J]. Academy of Management Journal, 31 (4): 828 - 853.

[55] Langfield - Smith K, 1997. Management control systems and strategy: a critical review [J]. Accounting, Organizations and Society, 22 (2): 207 - 232.

[56] Miles R W, Snow C C, 1978. Organizational strategy, structure and process [M]. New York: McGraw Hill.

[57] Johnson G, Scholes K, Whittington R, 2005. Exploring corporate strategy: text and cases, 7th ed [M]. Prentice - Hall Financial Times, Pearson Education Limited.

[58] Burns T, Stalker G, 1961. The management of innovation [M]. London, UK: Tavistock.

[59] Chandler A D, 1962. Strategy and structure: chapters in the history of the American industrial enterprise [M]. Cambridge, MA: MIT Press.

[60] Scott T W, Tiessen P, 1999. Performance measurement and managerial teams [J]. Accounting, Organizations and Society, 24 (3): 263 - 285.

[61] Hofstede G H, 1984. The cultural relativity of the quality of life concept [J]. Academy of Management Review, 9: 389 - 398.

[62] Hirst M K, 1983. Reliance on accounting performance measures, task uncertainty and dysfunctional behaviour [J]. Journal of Accounting Research, 21 (2): 596 - 605.

[63] Chenhall R H, Morris D, 1986. The impact of structure, environment and interdependencies on the perceived usefulness of manage-

ment accounting systems [J]. Accounting Review, 61 (1): 16 –35.

[64] Simons R, 2013. The entrepreneurial gap: how managers adjust span of accountability and span of control to implement business strategy [R]. Harvard Business School working paper.

[65] 李维安，林润辉，范建红，2014. 网络治理研究前沿与述评 [J]. 南开管理评论 (5): 42 –53.

[66] Mitchell J C, 1969. The concept and use of social networks. In Mitchell J C, eds. Social networks in urban situation [C]. Manchester, UK: Manchester University Press.

[67] Williamson O E, 1985. The economic institutions of capitalism [M]. New York: Free Press.

[68] Thorelli H B, 1986. Networks: between markets and hierarchies [J]. Strategic Management Journal, 7 (1): 37 –51.

[69] Powell W W, 1990. Neither market nor hierarchy: network forms of organization [J]. Research in Organizational Behavior, 12: 295 –336.

[70] Wynarczyk P, Piperopoulos P, McAdam M, 2013. Open innovation in small and medium – sized enterprises: an overview [J]. International Small Business Journal, 31 (3): 240 –255.

[71] Dorn S, Schweiger B, Albers S, 2016. Levels, phases and themes of coopetition: A systematic literature review and research agenda [J]. European Management Journal, 34 (5): 484 –500.

[72] Baker W E, 1992. The network organization in theory and practice. In: Nohria N, Eccles R G, eds. Networks and Organizations [C]. Boston, MA: Harvard Business School Press.

[73] Sailer L D, 1978. Structural equivalence: meaning and definition, computation and application [J]. Social Networks, 1 (1): 73 –90.

[74] Jarillo C, 1988. On strategic networks [J]. Strategic Management Journal, 9: 31 -41.

[75] 林润辉，李维安，2000. 网络组织——更具环境适应能力的新型组织模式 [J]. 南开管理评论 (3): 4 -7.

[76] 刘俊茹，2006. 企业预算管理历史分析及未来展望 [D]. 厦门大学.

[77] 万百五，2012. 社会控制论及其进展 [J]. 控制理论与应用 (1): 1 -10.

[78] 汤临佳，郑伟伟，池仁勇，2020. 创新生态系统的理论演进与热点前沿：一项文献计量分析研究 [J]. 技术经济 (7): 1 -26.

[79] Malone T W, Rockart J F, 1991. Computers, networks and the corporation [J]. Scientific American, 265 (3): 128 -136.

[80] 谢志华，许诺，程恺之，2020. 组织变革对企业财务管理目标的影响 [J]. 财会月刊 (16): 3 -8.

[81] Wernerfelt B, 1984. A resource - based view of the firm [J]. Strategic Management Journal, 5 (2): 171 -180.

[82] Prahalad C K, Hamel G, 1990. The core competence of the corporation [J]. Harvard Business Review, 3: 79 -91.

[83] Teece D J, Pisano G, Shuen A, 1997. Dynamic capabilities and strategic management [J]. Strategic Management Journal, 18 (7): 509 -533.

[84] Teece D J, 2007. Explicating dynamic capabilities: the nature and microfoundations of (sustainable) enterprise performance [J]. Strategic Management Journal, 28 (13): 1319 -1350.

[85] 林润辉，张红娟，范建红，2013. 基于网络组织的协作创新研究综述 [J]. 管理评论 (6): 31 -46.

[86] Quinn J B, 1992. Intelligent enterprise [M]. New York:

Free Press.

[87] 梁栋，2002. 网络组织的兴起——信息化与企业组织网络化关系研究 [D]. 中国社会科学院研究生院.

[88] Cohen S G, Bailey D E, 1997. What makes teams work: group effectiveness research from the shop floor to the executive suite [J]. Journal of Management, 23 (3): 239 – 290.

[89] Alchian A A, Demsetz H, 1972. Production, information costs, and economic organization [J]. The American Economic Review, 62 (5): 777 – 795.

[90] Salas E, Dickinson T L, Converse S A, Tannenbaum S I, 1992. Toward an understanding of team performance and training. In: Swezey R, Salas E, eds. Teams: their training and performance [C]. Norwood, NJ: Ablex.

[91] Mohrman S A, Mohrman A M, 1993. Organisational change and learning. In: Galbraith J R, Lawler E E, eds. Organizing for the future [C]. San Francisco, CA: Josey – Bass.

[92] Ezzamel M, Green C, Lilley S, Willmott H, 1995. Changing managers and managing change [R]. London: CIMA.

[93] Zenger T R, 2002. Crafting internal hybrids: complementarities, common change initiatives and the team – based organization [J]. International Journal of the Economics of Business, 9 (1): 79 – 95.

[94] Rowe C, Birnberg J G, Shields M D, 2008. Effects of organizational process change on responsibility accounting and managers' revelations of private knowledge [J]. Accounting, Organizations and Society, 33: 164 – 198.

[95] Dent J F, 1987. Tension in the design of formal control systems: a field study in a computer company. In: Bruns W J, Kaplan R S, eds. Accounting and management – field study perspectives [C]. Bos-

ton: Harvard Business School Press.

[96] Frow N, Marginson D, Ogden S, 2005. Encouraging strategic behaviour while maintaining management control: Multi – functional project teams, budgets, and the negotiation of shared accountabilities in contemporary enterprises [J]. Management Accounting Research, 16 (3): 269 –292.

[97] 戴天婧，汤谷良，彭家钧，2012. 企业动态能力提升、组织结构倒置与新型管理控制系统嵌入——基于海尔集团自主经营体的案例研究 [J]. 中国工业经济 (2): 128 –138.

[98] 文东华，潘飞，陈世敏，2009. 环境不确定性、二元管理控制系统与企业业绩实证研究——基于权变理论的视角 [J]. 管理世界 (10): 102 –114.

[99] Sutcliffe K M, Sitkin S B, Browning L D, 1999. Tailoring process management to situational requirements. In: Cole R, Scott W, eds. The Quality Movement and Organization Theory [C]. CA: Sage, Thousand Oaks.

[100] 卡普兰，2007. 高级管理会计 [M]. 吕长江，译. 大连: 东北财经大学出版社.

[101] Antle R, Demski J S, 1988. The controllability principle in responsibility accounting [J]. The Accounting Review, 63 (4): 700 –718.

[102] Hope J, Fraser R, 2001. Beyond budgeting questions and answers [R]. CAM – I, October.

[103] Neely A, Sutcliff M R, Heyns H R, 2001. Driving value through strategic planning and budgeting [R]. New York, NY: Accenture.

[104] Dunk A S, Nouri H, 1998. Antecedents of budgetary slack: a literature review and synthesis [J]. Journal of Accounting Literature,

17: 72 -96.

[105] 许云，2006. 预算管理研究：历史、本质与预算松弛 [D]. 厦门大学.

[106] 李志斌，2006. 组织转型视角的预算管理研究 [J]. 会计研究 (11): 53 -60.

[107] Fisher J, 1995. Use of nonfinancial performance measures. In: Young S M, eds. Readings in management accounting [C]. Englewood Cliffs, NJ: Prentice Hall.

[108] Chenhall R H, Langfield - Smith K, 2007. Multiple perspectives of performance measures [J]. European Management Journal, 25 (4): 266 -282.

[109] Lövstål E, 2008. Management control systems in entrepreneurial organisations - a balancing challenge. JIBS Dissertation Series, No. 045.

[110] CIMA, IFAC, 2004. Entreprise governance: getting the balance right [R]. www. ifac. org.

[111] March J G, 1991. Exploration and exploitation in organizational learning [J]. Organization Science, 2 (1): 71 -87.

[112] 冯巧根，2016. 管理会计视角的全面绩效管理 [J]. 会计之友 (3): 130 -136.

[113] Tushman M L, O'Reilly C A, 1996. Ambidextrous organizations: Managing evolutionary and revolutionary change [J]. California Management Review, 38 (4): 8 -30.

[114] Kober R, Ng J, Paul B J, 2007. The interrelationship between management control mechanisms and strategy [J]. Management Accounting Research, 18 (4): 425 -452.

[115] Tomkins C, 2001. Interdependencies, trust and information in relationships, alliances and networks [J]. Accounting, Organiza-

tions and Society, 26: 161 – 191.

[116] Burgelman R A, 1983. Corporate entrepreneurship and strategic management: insights from a process study [J]. Management Science, 29 (12): 1349 – 1364.

[117] Pinchot G, 1985. Intrapreneuring: why you don't have to leave the corporation to become an entrepreneur [M]. University of Illinois at Urbana – Champaign's Academy for Entrepreneurial Leadership.

[118] Thorgren S, Nordström C, Wincent J, 2014. Hybrid entrepreneurship: the importance of passion [J]. Baltic Journal of Management, 9 (3): 314 – 329.

[119] Dalborg C, Wincent J, 2014. The idea is not enough: The role of self – efficacy in mediating the relationship between pull entrepreneurship and founder passion – a research note [J]. International Small Business Journal, 33 (8): 974 – 984.

[120] Patel P C, Thorgren S, Wincent J, 2015. Leadership, passion and performance: a study of job creation projects during the recession [J]. British Journal of Management, 26: 211 – 224.

[121] Drnovsek M, Cardon M S, Patel P C, 2016. Direct and indirect effects of passion on growing technology ventures [J]. Strategic Entrepreneurship Journal, 10 (2): 194 – 213.

[122] Dekker H C, 2003. Value chain analysis in interfirm relationships: a field study [J]. Management Accounting Research, 14: 1 – 23.

[123] Charan R, Colvin G, 1999. Why CEOs Fail [R]. www.fortune.com.

[124] Bscol, 2006. Balanced Scorecard Collaborative [R]. May 23.

[125] 薛云奎，齐大庆，韦华宁，2005. 中国企业战略执行现状及执行力因素分析 [J]. 管理世界 (9): 88 – 98.

[126] Chenhall R H, 2005. Integrative strategic performance measurement systems, strategic alignment of manufacturing, learning and strategic outcomes: an exploratory study [J]. Accounting, Organizations and Society, 30: 395 -422.

[127] Ittner C D, Larcker D F, Meyer M W, 2003. Subjectivity and the weighting of performance measures: Evidence from a balanced scorecard [J]. The Accounting Review, 78 (July): 725 -758.

[128] Kaplan R S, Norton D P, 2000. The strategy - focused organization: how balanced scorecard companies thrive in the new business environment [M]. Boston, MA: Harvard Business School Press.

[129] Van der Meer - Kooistra J, Scapens R W, 2008. The governance of lateral relations between and within organisations [J]. Management Accounting Research, 19: 365 -384.

[130] Williamson O E, 1991. Comparative economic organization: the analysis of discrete structural alternatives [J]. Administrative Science Quarterly, 36 (2): 269 -296.

[131] 聂辉华, 2004. 交易费用经济学: 过去、现在和未来——兼评威廉姆森《资本主义经济制度》[J]. 管理世界 (12): 146 -153.

[132] Zenger T R, Hesterly W S, 1997. The Disaggregation of corporations: selective intervention, high - powered incentives, and molecular units [J]. Organization Science, 8 (3): 209 -222.

[133] Galbraith J R, 1973. Designing complex organisations [M]. Reading, MA: Addison - Wesley.

[134] Gao Y, Gao S, Zhou Y and Huang K F, 2015. Picturing firms' institutional capital - based radical innovation under China's institutional voids [J]. Journal of Business Research, 68 (6): 1166 -1175.

[135] Ostroff F, Smith D, 1992. The horizontal organization [J].

McKinsey Quarterly, 1: 148 -167.

[136] Audi R, Loughran T, Mcdonald B, 2016. Trust, but verify: MD&A language and the role of trust in corporate culture [J]. Journal of Business Ethics, 139: 551 -561.

[137] Ledford G E, 1993. Employee involvement: lessons and predictions. In: Galbraith J R, Lawler E E, eds. Organizing for the future [C]. San Francisco, CA: Josey - Bass.

[138] Organ D W, 1988. Organizational citizenship behavior: The good soldier syndrome [M]. Lexington. MA: Lexington Books.

[139] 向利, 2021. 不确定时代企业绩效会计面临范式革命 [J]. 会计研究 (11): 60 -71.

[140] 谢德仁, 2001. 企业剩余索取权: 分享安排与剩余计量 [M]. 上海: 上海人民出版社.

[141] 陈宏辉, 罗兴, 2005. 员工参与管理: 基于利益相关者理论视角的研究 [R]. 第三届公司治理国际研讨会.

[142] 高晨, 汤谷良, 2010. 交互预算: 应对战略不确定性、契合管理控制的新机制 [J]. 会计研究 (9): 51 -59.

[143] Libby T, Lindsay R M, 2010. Beyond budgeting or budgeting reconsidered? A survey of North - American budgeting practice [J]. Management Accounting Research, 21: 56 -75.

[144] 佟成生, 潘飞, 吴俊, 2011. 企业预算管理的功能: 决策, 抑或控制? [J]. 会计研究 (5): 44 -49.

[145] 蔡剑辉, 2009. 预算的职能冲突与协调对策研究 [J]. 会计研究 (12): 55 -59.

[146] Chenhall R H, Brownell P, 1988. The Effect of participative budgeting on job satisfaction and performance: Role ambiguity as an intervening variable [J]. Accounting, Organizations and Society, 13 (3): 225 -233.

[147] Barrett M E, Fraster L B, 1977. Conflicting roles in budgeting for operations [J]. Harvard Business Review, July – August: 137 – 146.

[148] Ittner C D, Larcker D F, 2001. Assessing empirical research in managerial accounting: a value – based management perspective [J]. Journal of Accounting and Economics, 32: 349 – 410.

[149] Hansen S C, Torok R, 2003. The closed loop: implementing activity – based planning and budgeting [R]. Bedford, TX: CAM – I.

[150] Hope J, Fraser R, 2003. Beyond budgeting: how managers can break free from the annual performance trap [M]. Boston, MA: Harvard Business School Press.

[151] Daum J H, 2002. Beyond Budgeting: A model for performance management and controlling in the 21st century? [J]. Controlling & Finance, 6: 1 – 3.

[152] Simons R, 2010. Accountability and control as catalysts for strategic exploration and exploitation: field study results [R]. Harvard business school working paper.

[153] Shields M D, Young S M, 1993. Antecedents and consequences of participative budgeting: evidence on the effects of asymmetrical information [J]. Journal of Management Accounting Research, 5: 265 – 280.

[154] Zobel A K, Lokshin B and Hagedoorn J, 2017. Formal and informal appropriation mechanisms: the role of openness and innovativeness [J]. Technovation, 59: 44 – 54.

[155] 杨震宁，赵红，2020. 中国企业的开放式创新：制度环境、“竞合”关系与创新绩效 [J]. 管理世界 (2): 139 – 160.

[156] Ritala P, Huizingh E, Almpanopoulou A, Wijbenga P, 2017. Tensions in R&D networks: implications for knowledge search and

integration [J]. Technological Forecasting and Social Change, 120: 311 -322.

[157] Young M, Fisher J, Lindquist T M, 1993. The effects of intergroup competition and intragroup cooperation on slack and output in a manufacturing settings [J]. The Accounting Review, 68 (3): 466 -481.

[158] Fisher J G, Maines L A, Peffer S A, Sprinkle G B, 2002. Using budgets for performance evaluation: effects of resource allocation and horizontal information asymmetry on budget proposals, budget slack, and performance [J]. The Accounting Review, 77 (4): 847 -865.

[159] Merchant K A, 1985. Organizational controls and discretionary program decision making: a field study [J]. Accounting, Organizations and Society, 10 (1): 67 -85.

[160] Freeman R E, David L R, 1983. Stockholders and stakeholders: a new perspective on corporate governance [J]. California Management Review, 25 (3): 88 -106.

[161] 王竹泉, 2008. 会计信息披露的外部性与会计信息质量——基于利益相关者的视角 [J]. 当代会计评论 (2): 39 -49.

[162] 陆庆平, 2006. 以企业价值最大化为导向的企业绩效评价体系——基于利益相关者理论 [J]. 会计研究 (3): 56 -62.

[163] Hope J, Fraser R, 2003. Who needs budgets? [J]. Harvard Business Review, 81 (2): 108 -115.

[164] Bunce P, 2004. The "beyond budgeting" journey towards adaptive management [R]. Better Budgeting: A report on the Better Budgeting forum from CIMA and ICAEW: 8 -10.

[165] Dean J W, Bowen D E, 1994. Management theory and total quality: Improving research and practice through theory development [J]. Academy of Management Review, 19 (3): 392 -418.

[166] Allee V, 2008. Value network analysis and value conversion of tangible and intangible assets [J]. Journal of Intellectual Capital, 9 (1): 5-24.

[167] 杨学成，陶晓波，2015. 社会化商务背景下的价值共创研究——柔性价值网的视角 [J]. 管理世界 (8): 170-171.

[168] 陈占夺，齐丽云，牟莉莉，2013. 价值网络视角的复杂产品系统企业竞争优势研究 [J]. 管理世界 (10): 156-169.

[169] 谢志华，敖小波，2018. 管理会计价值创造的历史演进与逻辑起点 [J]. 会计研究 (2): 3-10.

[170] 冯巧根，2015. 管理会计的定位及其应用价值 [J]. 财会学习 (3): 13-16.

[171] Gibbs M, Merchant K A, Van der Stede W A, Vargus M E, 2004. Determinants and effects of subjectivity in incentives [J]. The Accounting Review, 79 (2): 409-436.

[172] 简兆权，曾经莲，2018. 基于价值共创的"互联网+制造"商业模式及其创新 [J]. 企业经济 (8): 70-77.

[173] 江积海，2014. 国外商业模式创新中价值创造研究的文献述评及展望 [J]. 经济管理 (8): 187-199.

[174] Kaplan R S, Norton D P, 1992. The balanced scorecard: measures that drive performance [J]. Harvard Business Review, 70 (1): 71-79.

[175] Towry K L, 2003. Control in a teamwork environment: the impact of social ties on the effectiveness of mutual monitoring contracts [J]. The Accounting Review, 78 (4): 1069-1095.

[176] Ittner C D, Larcker D F, Randall T, 2003. Performance implications of strategic performance measurement in financial services firms [J]. Accounting, Organizations and Society, 28: 715-741.

[177] Heskett J L, Jones T O, Loveman G W, Sasser W E,

Schlesinger L A, 1994. Putting the service - profit chain to work [J]. Harvard Business Review, March - April: 164 - 174.

[178] Reichheld F F, 1996. The loyalty effect: the hidden force behind growth, profits and lasting value [M]. Boston, MA: Harvard Business School Press.

[179] Marr B, Adams C, 2004. The balanced scorecard and intangible assets: similar ideas, unaligned concepts [J]. Measuring Business Excellence, 8 (3): 18 - 27.

[180] Baiman S, Rajan M V, 1995. The informational advantages of discretionary bonus schemes [J]. The Accounting Review, 70 (4): 557 - 579.

[181] 王斌，2011. 跨职能团队的管理控制问题：一个理论思考 [J]. 会计研究 (7): 38 - 44.

[182] Stock R, 2004. Drivers of team performance: what do we know and what have we still to learn? [J]. Schmalenbach Business Review, 56: 274 - 306.

[183] Simons R, 2005. Designing high - performance jobs [J]. Harvard Business Review, July - August: 54 - 62.

[184] Simons R, 2005. Levers of organization design [M]. Boston: Harvard Business School Press.

[185] Merchant K A, 1987. How and why firms disregard the controllability principle. In: Bruns W J, Kaplan R S, eds. Accounting and Management: Field Study Perspectives [C]. Boston: Harvard Business School Press.

[186] Stevenson H, Jarillo J, 1990. A paradigm of entrepreneurship: entrepreneurial management [J]. Strategic Management Journal, 11: 17 - 27.

[187] Románn F J, 2009. An analysis of changes to a team - based

incentive plan and its effects on productivity, product quality, and absenteeism [J]. Accounting, Organizations and Society, 34: 589 - 618.

[188] Strebel P, 1996. Why do employees resist change? [J]. Harvard Business Review, May - June: 86 - 92.

[189] 程斌武, 苏红健, 2005. 基于多层次契约的激励机制设计 [J]. 科技进步与对策 (8): 178 - 180.

[190] Pierce J L, Rubenfeld S A, Morgan S, 1991. Employee ownership: a conceptual model of process and effects [J]. The Academy of Management Review, 16 (1): 121 - 144.

[191] Brown D, Armstrong M, 1999. Paying for contribution [M]. Dover, NH: Kogan Page.

[192] Lawler E E, 1981. Pay and organisational development [M]. Reading, MA: Addison - Wesley.

[193] Guiso L, Sapienza P, Zingales L, 2015. The value of corporate culture [J]. Journal of Financial Economics, 117 (1): 60 - 76.

[194] 王斌, 李敏, 2021. 信任与薪酬激励——以美国 Netflix 公司为例 [J]. 会计之友 (17): 9 - 18.

[195] Hoffman J R, Rogelberg S G, 1998. A guide to team incentive systems [J]. Team Performance Management, 4 (1): 23 - 32.

[196] Grossman S J, Hart O D, 1986. The costs and benefits of ownership: a theory of vertical and lateral integration [J]. Journal of Political Economy, 94 (4): 691 - 719.

[197] 谢志华, 2021. 会计的未来发展 [J]. 会计研究 (11): 3 - 19.

[198] 张维迎, 1996. 所有制、治理结构及委托代理关系——兼评崔之元和周其仁的一些观点 [J]. 经济研究 (9): 3 - 15.

[199] Rajan R G, Zingales L, 1998. Power in a theory of the firm [J]. Quarterly Journal of Economics, 113 (2): 387 - 432.

［200］周其仁，1996. 市场里的企业：一个人力资本与非人力资本的特别合约［J］. 经济研究（6）：71 – 80.

［201］Anderson N, Potocnik K, Zhou J, 2014. Innovation and creativity in organizations: a state – of – the – science review, prospective commentary and guiding framework [J]. Journal of Management, 40: 1297 – 1333.

［202］葛永波，2007. 契约理论视角下的企业所有权问题探析［J］. 山东经济（2）：43 – 46.

［203］Baker G P, Jensen M C, Murphy K J, 1988. Compensation and incentives: Practice vs. theory [J]. Journal of Finance, 43 (3): 593 – 616.

［204］Merchant K A, Van der Stede W A, 2007. Management control systems: performance measurement, evaluation and incentives, 2nd ed [M]. Harlow: FT Prentice – Hall.

［205］Miller C S, Schuster M H, 1987. Gainsharing plans: A comparative analysis [J]. Organizational Dynamics, 16 (1): 44 – 67.

［206］Antonioni D, Park H, 2001. The relationship between rater affect and three sources of 360 – degree feedback ratings [J]. Journal of Management, 27 (4): 479 – 495.

［207］Tajfel H, Turner J, 1986. The social identity theory of intergroup behavior. In: Worchel S, Austin W G, eds. The Social Psychology of Intergroup Relations (2nd ed) [C]. Chicago: Nelson – Hill Publishers.

［208］Kidwell R E, Bennett N, 1993. Employee propensity to withhold effort: A conceptual model to intersect three avenues of research [J]. Academy of Management Review, 18 (3): 429 – 456.

［209］Kandel E, Lazear E P, 1992. Peer pressure and partnerships [J]. Journal of Political Economy, 100 (4): 801 – 817.

［210］Barron J M, Gjerde K P, 1997. Peer pressure in an agency relationship [J]. Journal of Labor Economics, 15 (2): 234 - 254.

[211] Eisenberger R H, Huntington R, Hutchison S, Sowa D, 1986. Perceived organizational support [J]. Journal of Applied Psychology, 71 (3): 500 - 507.

[212] 德鲁克, 1987. 管理: 任务、责任和实践 [M]. 孙耀君等, 译. 北京: 中国社会科学出版社.